Alfred
Bassermann
9.1.1856 – 3.5.1935

Gustav
Bassermann
26.12.1820 – 12.7.1875

Clementine
Sommer
28.10.1825 – 28.3.1910

Joseph Sommer
1795 – 1848

Marie Hetzner
26.11.1799 – 11.8.1877

Wilhelmine Reinhardt
12.10.1787 – 21.3.1869

Friedrich Ludwig
Bassermann
14.2.1791 – 1.6.1865

Maria Barbara
Kook
24.4.1754 – 2.7.1892

Johann Wilhelm R.
Reinhardt
8.3.1752 – 27.3.1826

Maria Katharina
Kissel
14.10.1759 – 3.1.1808

Friedrich Daniel
Bassermann
5.7.1738 – 28.8.1810

Heidrun Halbaur (Hrsg.)
Monika und Uwe Rummel

Auf den Spuren meines Großvaters

Alfred Bassermann

Einblicke in sein großbürgerliches Leben
zwischen Pflicht, Leidenschaft und
seiner Danteforschung

verlag regionalkultur

Impressum

Titel:	Auf den Spuren meines Großvaters Alfred Bassermann
Untertitel:	Einblicke in sein großbürgerliches Leben zwischen Pflicht, Leidenschaft und seiner Danteforschung
Herausgeberin:	Heidrun Halbaur
Autoren:	Monika Rummel und Dr. Uwe Rummel
Herstellung:	verlag regionalkultur
Satz:	Jochen Baumgärtner, vr
Umschlaggestaltung:	Jochen Baumgärtner, vr
Endkorrektorat:	Lukas Löffler, vr

ISBN 978-3-95505-350-5

Bibliografische Information der Deutschen Nationalbibliothek
Die Deutsche Nationalbibliothek verzeichnet diese Publikation in der Deutschen Nationalbibliografie; detaillierte bibliografische Daten sind im Internet über http://dnb.dnb.de abrufbar.

Diese Publikation ist entsprechend den Frankfurter Forderungen auf alterungsbeständigem und säurefreiem Papier (TCF nach ISO 9706) gedruckt.

verlag regionalkultur
Heidelberg • Ubstadt-Weiher • Stuttgart • Speyer • Basel

Verlag Regionalkultur GmbH & Co. KG
Bahnhofstraße 2 • D-76698 Ubstadt-Weiher
Tel. 07251 36703-0 • *Fax* 07251 36703-29
E-Mail kontakt@verlag-regionalkultur.de
Internet www.verlag-regionalkultur.de

Inhalt

Vorwort   5

Stammbaum von Alfred Bassermann   7

Lebenslauf   13

Die Bassermann'schen Anwesen in Mannheim,
Schwetzingen und Königsfeld/Schwarzwald   43

Alfred Bassermann und Dante   57

Reisen nach Italien   67

Musik, Gedichte und Texte   87

Marionetten- und Theaterstücke   105

Beginnender Zwist in der Familie   125

Alfred Bassermanns unendliche und vertrauensvolle
Liebe zu seiner zweiten Frau Hedwig   127

Alfred Bassermanns Erlebnisse im Ersten Weltkrieg   137

Alfred Bassermann spürt seine Kräfte schwinden   157

Alfred Bassermann – Facetten seines Wesens
aus unterschiedlichen Sichtweisen   161

Nachwort der Herausgeberin   166

Vorwort

Beim Lesen einer Lebensgeschichte stellt man sich natürlich Fragen wie: Wie kommt man auf die Idee, über das Leben eines Menschen zu schreiben? Wodurch zeichnet sich die beschriebene Person aus? Woher hat man denn all die Kenntnisse, auf die zurückgegriffen werden konnte?

Bei der Arbeit ließ sich nicht vermeiden, dass sich manche Erzählungen überschneiden und die Chronologie nicht stringent eingehalten werden konnte. Es liegen bis auf wenige Ausnahmen noch nicht veröffentlichte Quellen und Textmaterial diesem Buch zugrunde.

Die Familie Bassermann ist nicht nur für die Städte Mannheim und Schwetzingen von großer Wichtigkeit, sondern sie ist auch weit über ihre Heimat hinaus bekannt.

Clementine Bassermann erhielt 1879 als erste Frau im Großherzogtum Baden die höchste Auszeichnung der Ehrenbürgerschaft. Sie erkämpfte sich in einer Zeit, in der es für eine Frau nicht leicht war, sich zu behaupten, großen gesellschaftlichen Respekt und setzte sich mit großem Engagement für soziale Belange ein. Die ganze Familie kümmerte sich mit großem Patriotismus im Reservelazarett im Zirkelflügel des Schlosses um die Verwundeten des Krieges von 1870/71, wo Frau Bassermann die Leitung des Pflegedienstes und die Aufsicht der Krankensäle mit mehr als 300 Betten übernahm[1]. Nach dem Tod ihres Mannes Gustav Bassermann setzte sie das Erbe für wohltätige Zwecke ein. Sie unterstützte arme Mitbürger, spendete für das städtische Spital und die höhere Töchterschule sowie den Neubau einer Kleinkinderschule, den ersten Kindergarten in Schwetzingen.[2]

Der Name Bassermann ist vor allem für Schwetzingen als ‚Spargelstadt' von großer Bedeutung. Der Pfälzer Kurfürst Karl Ludwig wollte der Liebhaberei des Sonnenkönigs Louis XIV. nicht nachstehen, dessen königliche Tafel durch den Spargel veredelt wurde, der schon in der Antike als Leckerbissen bekannt war. So ließ er ab 1668 im Gemüsegarten seines Schwetzinger Jagdschlosses erstmals Spargel anbauen. Auf diese Entscheidung geht die Bedeutung Max Bassermanns zurück. Er wollte die Möglichkeit schaffen, dass breite Bevölkerungsschichten ganzjährig das königliche Gemüse genießen konnten und gründete 1875 die gleichnamige Konservenfabrik ‚Max Bassermann'. Anlässlich der Weltwirtschaftskrise wurde die Firma im Jahr 1931 mit der Firma Sonnen aus Seesen im Harz

---

1 Hauschronik der Familie Bassermann
2 Siehe Anna Manceron, Rhein-Neckar-Zeitung, 25. August 2019

zusammengebracht und nach dem Verkauf an Danone und an die Heinz Company gehört sie unter dem Namen Sonnen-Bassermann seit dem Jahr 2012 zum niederländischen Lebensmittelkonzern Struik Foods Europe.

Zu den Nachkommen von Clementine und Gustav Bassermann gehört auch die Urenkelin Heidrun Halbaur. Sie beschäftigte sich schon lange mit den umfangreichen Unterlagen und Dokumenten der Familie Bassermann. Nach dem Tod ihrer Mutter und der Sichtung der Familienunterlagen wurde ihr mit der Zeit bewusst, welch reichen Schatz die unzähligen Briefe, Tagebücher und Dokumente darstellen. Sie beschloss, diese Lebensgeschichte ihres Großvaters Alfred Bassermann herauszugeben. Die Briefe und Tagebücher werden bewusst in ihrer Originalschreibweise wiedergegeben, um den Stil und Inhalt der damaligen Zeiten und Personen lebhaft nachempfinden zu können.

In der heutigen Zeit der digitalen Medien, in der man die Kontakte über Facebook oder andere soziale Netzwerke pflegt, fühlt man sich schon in eine andere Zeit versetzt, wenn man die umfangreiche Korrespondenz liest. Fast täglich wurde in Briefen über wichtige Themen, aber auch alltägliche Ereignisse berichtet. Es ist schon verwunderlich, dass diese Dokumente und die Tagebücher bewahrt wurden. Die Herausgeberin hat die Leidenschaft für die Familiengeschichte geerbt und versucht diese Tradition weiterzuführen.

Dieses Buch möchte neben den vielfältigen interessanten Informationen über das Leben Alfred Bassermanns und über die gesellschaftlichen und politischen Hintergründe der damaligen Zeit auch Einblicke in die Entwicklung seiner Persönlichkeit bieten.

Wir wünschen den Lesern auch Freude bei der Lektüre der eingestreuten amüsanten Pointen und Anekdoten.

Monika und Dr. Uwe Rummel

Stammbaum von Alfred Bassermann

Wenn man sich bei der Erstellung einer Biographie überlegt, welche Informationen über eine Person eigentlich wichtig und interessant sind, so sind es sicherlich in erster Linie Berichte über ihre Taten und Leistungen. Dabei stellen sich auch bei Alfred Bassermann die Fragen:

– Warum hat er dies oder jenes gemacht?
– Wie konnte er sich diese langen Reisen leisten?
– Wie sehr wurde seine Lebensplanung durch den sozialen und kultu-rellen Hintergrund seiner Familie und den Zeitgeist beeinflusst?

Jeder Mensch wird auch von seiner Herkunft geprägt; und das ist beson-ders dann der Fall, wenn er aus einer großen und bedeutenden Familie stammt, die ein enormes öffentliches Ansehen genossen hatte und über bedeutende finanzielle Mittel verfügte.

Felix Bassermann (21. August 1848 – 4. Mai 1902) Kaufmann, Cousin von Alfred Bassermann stellte diese 50-seitige Chronik zusammen und widmete sie den Freunden der Familie Bassermann . Diese lässt sich bis Ende des Dreißig-jährigen Krieges zurückver-folgen. Die Kirchenbücher davor sind zum großen Teil verbrannt.

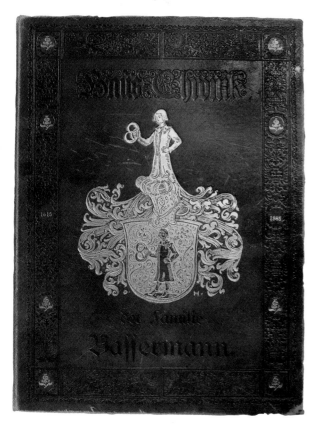

Einband der ledergebunde-
nen Hauschronik der Familie
Bassermann. Es zeigt das
Wappen eines Mannes mit
einer Brezel in der Hand .Die
Vorfahren waren Müller, Mehl-
händler und Bäcker.

Bei der Familie Bassermann sollte daher auf den Stammbaum eingegangen werden, da von dem Stammvater und Namensgeber Dietrich Bassermann (1615–1682) aus dem 17. Jahrhundert auch Familien stammen, die noch heute durch den Namen berühmt und bekannt sind. Die Familie Friedrich Ludwig Bassermann wohnte in Mannheim im schönsten Haus am Markt. Wie wichtig die Familie für die Stadt Mannheim war, erkennt man auch daran, dass sie die größten Steuergeber ihrer Heimatstadt waren.

So findet man unter den Nachfahren von Dietrich Bassermann bedeutende Männer, die sich als Tabakhändler, Verleger, Handelsherren, Politiker, Bühnenkünstler, Musiker, Gelehrte, Sammler und Förderer der Wissenschaft und Künste hervortaten.[3] Mit dem Namen verbindet man auch das Weingut Bassermann-Jordan in Deidesheim oder auch die Konservenfabrikanten Bassermann. Max Bassermann war ein Pionier bei der Haltbarmachung von Obst und Gemüse – was vor allem für den Spargel wegen seiner saisonal bedingt kurzen Erntezeit wichtig war.

Mit dem Geschick in finanziellen Transaktionen, Sparsamkeit im persönlichen Bereich und mit Investitions- und Risikobereitschaft gelang es einzelnen Mannheimer Bürgern wie den Familien Bassermann wohlhabend zu werden. *„Als Beispiel sei Johann Wilhelm Reinhardt genannt, der mit 1.400 Gulden[4] Eigenkapital und 2.000 Gulden Geliehenem einen Tuchhandel begann, durch Kriegsanleihen sein Kapital wesentlich ver-*

---

3   Friedrich Daniels zweiter Sohn Otto übernahm den Bassermannverlag in München, sein dritter Sohn Max, der als erster in Schwetzingen Spargel anbaute und die Stadt zur ‚Spargelstadt' machte, gründete 1872 die Konservenfabrik M. Bassermann & Co. Das Weingut in Deidesheim kam durch die Heirat seines ältesten Sohns Bassermann mit Auguste Jordan, der Tochter des Weingutsbesitzers und Parlamentariers Ludwig Andreas Jordan, in den Besitz dieser Familie.

4   Zum Vergleich: 1.400 Gulden entsprachen etwa 3,5 Jahresgehältern eines Schlossers oder 19.000 € in der heutigen Währung.

mehrte, den Mannheimer Produktenhandel (vor allem Tabak, Getrei-
de, Pfälzer- und Rheinwein) begründete, Bank- und Kreditgeschäfte
tätigte und bei seinem Tod 1826 seine Schwiegersöhne zu den höchst-
besteuerten Bürgern der Stadt machte. Friedrich Ludwig Bassermann,
der Großvater von Alfred Bassermann, versteuerte ein Vermögen von
1 Million 500.000 Gulden.“[5]

Mit Alfred Bassermanns Vater – Gustav Bassermann (1820 – 1875) – verbindet man noch mehr. Der Name dessen Frau Clementine Bassermann,
geborene Sommer, ist in Schwetzingen auch heute noch allgegenwärtig.
Durch ihr soziales Engagement wurde sie zur Ehrenbürgerin der Stadt
Schwetzingen ernannt. Eine Straße trägt ihren Namen und im Heimat-
museum Karl-Wörn Haus ist eine Dauerausstellung eingerichtet, die mit
Ausstellungsstücken sie und die Familie Bassermann beleuchtet.

*Die Großeltern von Alfred
Bassermann: Friedrich
Ludwig Bassermann
(Bay. Konsul ,Bankier,
Drogen- und Chemikalien-
händler) und Wilhelmine
Reinhardt (Tochter des Bür-
germeisters von Mannheim).
Dieses Bild wurde 1854 von
Luis Coblitz (1818 – 1863)
gemalt.*

---

5   Siehe: Günther, Rosemarie: gut gesse gedenkt em ewisch, Mannheim
    1997

Dietrich Bassermann 1615 – 1682	Müller in Ostheim	verheiratet in 1. Ehe mit Christine (?) verheiratet in 2. Ehe mit Anna Ludwig verheiratet in 3. Ehe mit Katharina Appel	7 Kinder kinderlos kinderlos
Johannes 1648 – 1704	Bäcker in Babenhausen	verheiratet mit Amalie Stein	8 Kinder
Johann Philipp 1677 – 1733	Bäcker und Mehlhändler In Babenhausen, Frankfurt a.M., Worms	verheiratet mit Maria Veronika Bretschneider	8 Kinder
Johann Christoph 1709 – 1762	Gastwirt z.d.3 Königen in Heidelberg	verheiratet mit Sarah Katharina Lang, verw. Paravicini verheiratet in 2. Ehe mit Elisabeth Katharina Frey, verw. Zeller	5 Kinder kinderlos
Friedrich Daniel 1738 – 1819	Gastwirt z.d.3 Königen in Heidelberg	verheiratet mit Maria Katharina Kissel	13 Kinder
Friedrich Ludwig 1782 – 1865	Consul u. Bankier Mannheim	verheiratet mit Wilhelmine Reinhardt	8 Kinder
Gustav 1820 – 1875	Privatier Mannheim, Schwetzingen	verheiratet mit Clementine Sommer	4 Kinder

Gustav Bassermann
1820 – 1875

Clementine Sommer
1825 – 1910

Friedrich Bassermann
(1852 – 1857),
Wilhelmine Bassermann   1 Kind
(1852 – 1882)
verheiratet mit Carl Baumann, Gymnasialprofessor, Mannheim
Pauline Bassermann   3 Kinder
(1853 – 1935)
verheiratet mit Freiherr Alexander von Dusch,
Präsident des Staatsministeriums des Großherzogtum Baden
und Komponist, Karlsruhe

Dr. Alfred Bassermann

1856 – 1935

Jurist in Mannheim

verheiratet in 1. Ehe mit Marie Scipio (1859 – 1938)
        – Gustav (1882 – 1943)   5 Kinder
        – Wilhelm (1884 – 1917)
        – Dieter/Dietrich (1887 – 1955)
        – Johanna (1890 – 1983)
        – Alexander (1895 – 1945)

verheiratet in 2. Ehe mit Hedwig Pfeiffer (1880 – 1927)
        – Manfred (1911 – 1925)   4 Kinder
        – Rudolf (1913 – 1913)
        – Freya (1914 – 2010)
        – Cady/Katharina (1916 – 2020)

        – Brigitte (1940 – 1998)
        – Helga (geb. 1941)
        – Bärbel (geb. 1942)
        – Heidrun (geb. 1945)

Frontispiz aus dem Familienbuch mit dem Wahlspruch der Bassermanns:
„Sey dein eigner Herr und Knecht. Das ist des Mittelstandes Recht."

Lebenslauf

Alfred Bassermann (9. Februar 1856 – 3. Mai 1935) war das vierte Kind von
Gustav Bassermann (25. Dezember 1820 – 18. August 1875), Privatier[6], und
dessen Frau Clementine (28. Oktober 1825 – 28. März 1910), die in Bruch-
sal aufwuchs. Durch das große Interesse ihres Vaters, einem Militärjuristen,
an Kunst und Wissenschaft, hatte sie schon als Kind Zugang zu kulturellen
Themen. Zu den Geschwistern Alfred Bassermanns zählen die Zwillinge
Wilhelmine[7], Mine genannt, die bei der Geburt ihrer Tochter mit 30 Jahren
starb, und **Friedrich**, genannt ‚Fritzle', welcher aber schon im Alter von fünf
Jahren starb, sowie die Schwester **Pauline**[8], auch Paul genannt.

Die Geschwister Alfred (links),
Pauline (Mitte)
und Wilhelmine (rechts).

6   Die Verwendung des Wortes Privatier kam während des 19. Jahrhunderts
    auf. Durch die Erstarkung des Bürgertums wird die Form des Privatiers
    zu einer eigenen Kategorie, ja sogar zu einer neuen Berufskategorie. Als
    Individualist kann er sich uneingeschränkt seinen geistigen und wissen-
    schaftlichen Interessen widmen, denn er ist frei von störenden Mühen für
    das tägliche Leben und jeglichen finanziellen Sorgen.

7   Wilhelmine wurde am 12. April 1852 in Mannheim geboren. Anfangs
    wurde sie von ihrem Vater und Privatlehrern unterrichtet, bevor sie in der
    höheren Töchterschule ihre Schulbildung abschloss. 1864 zog die Familie
    mit ihr nach Schwetzingen. 1877 verfasste sie die wertvolle und umfang-
    reiche Hauschronik. Am 8. März 1879 heiratete Sie Karl Baumann. Sie
    bekamen eine Tochter Mine (Minele genannt). Sie starb am 20. September
    1882 und wurde in Schwetzingen beigesetzt.

8   Pauline wurde am 20. August 1853 in Mannheim geboren. Sie wuchs auch
    in Schwetzingen auf. 1874 heiratete sie den Staatsminister Alexander von
    Dusch.

Alfred Bassermanns großbürgerliche Herkunft[9] beeinflusste nicht nur seinen Lebensweg, sondern sie ermöglichte es ihm auch, seine Fähigkeiten ohne finanzielle Not zu entwickeln.

Die Familie lebte nach 1828/29 zum Teil im Haus Bassermann am Markt in Mannheim. In der Familie gab es Politiker wie Friedrich Daniel Bassermann oder den Unternehmer Emil Bassermann-Jordan, welcher zusammen mit seiner Gattin in Deidesheim das Weingut führte.

Gustav Bassermanns Familie

Für Alfred Bassermann war sein Vater Gustav ein großes Vorbild. Auch er beschäftigte sich intensiv mit literarischen Themen.

Gustav Bassermann (1820 – 1875) war das jüngste von acht Kindern. Er besuchte in Mannheim das Lyzeum mit großem Erfolg. Dennoch verließ er bald die Schule, denn im Alter von elf Jahren erkrankte er an einer Nervenkrankheit. Seine Eltern wollten, dass er den Beruf eines Kaufmanns erlernen sollte.

Gustav Bassermann war aber trotz der Erkrankung gewillt, die Laufbahn eines Gelehrten zu beschreiten, und er beschloss daher mit 19 Jahren die Universität Heidelberg zu besuchen.

Vier Jahre lang studierte er – vor allem aufgrund des Wunsches seiner Mutter[10] – das Fach Mechanik und erwarb in verschiedenen europäischen Städten sowohl theoretische als auch praktische Kenntnisse.

Gustav Bassermann (24.5.1882 – 29.11.1943); der Vater von Alfred Bassermann.

Nach seiner Dienstzeit zogen sie in das Schloss Mauren; ein wunderschönes Anwesen mit Schloss, Remise, sehr großem Garten, Teich, Terrasse und weitläufigem Gelände. Dort trafen sich oft die Familien Bassermann. Sie hatten 3 Kinder: Alexander von Dusch 1878 – 1939, Elisabeth (Else) von Dusch 1880 – 1961 verheiratet mit Max von Löwis of Menar, Margarete von Dusch (Gretel) 1882 – 1964. Pauline starb am 2. Oktober 1935.

9   Aus dem Mannheimer Zweig der Familie Bassermann stammten bedeutende Persönlichkeiten, die als Handelsherren, Politiker, Bühnenkünstler, Musiker, Verleger, Gelehrte, Sammler und Förderer der Wissenschaft und Künste hoch angesehen waren.

10   Gustav Bassermanns Vater Friedrich Ludwig war mit der Bürgermeistertochter Wilhelmine Reinhardt (1787 – 1869) verheiratet.

Nach Beendigung seiner Studien und der Heimkehr zur Familie tat sich für Gustav Bassermann eine unerwartete berufliche Chance auf. Er konnte die Vertretung eines erkrankten Mathematiklehrers in den oberen Klassen der höheren Bürgerschule übernehmen. Mit dieser unentgeltlichen Arbeit war er nur für kurze Zeit zufrieden. Es ist nicht verwunderlich, dass er sich nicht entschließen konnte, die Tätigkeit auf Dauer zu übernehmen. Diese Arbeit passte einfach nicht zu seiner Persönlichkeit.

Im Jahr 1844 ging er nach München. Dort studierte er Astronomie und Mathematik, was ihn tief befriedigte und sehr glücklich machte. Im Direktor[11] der Sternwarte fand er eine wichtige Bezugsperson. Mit ihm war er eng verbunden, und er schrieb über sich und seinen Mentor: *„Er half mir, noch einen leidlichen Küstenfahrer zimmern aus dem Wrack meiner Lebensfregatte, die schon am Vorgebirg der guten Hoffnung scheiterte, während sie mich doch durch den Ozean bis ins stille Meer tragen sollte."*

Von München aus reiste er nach Italien. Hier blieb er mehrere Monate. 1846 kehrte er nach Mannheim zurück und bewarb sich um das Amt des Leiters der Sternwarte. Diese Stelle wurde ihm zwar zugeteilt, aber er nahm sie dennoch nicht an. Er wollte sich nicht in das Korsett einer streng geregelten Arbeitsstelle einzwängen lassen.

Zu dieser Zeit ging seine Verlobung mit einem Mädchen aus einer namhaften Familie in Mannheim in die Brüche, worunter er sehr litt.

Im Jahr 1847 begann Gustav Bassermann erneut ein Studium an der Universität Heidelberg – Medizin – und das, obwohl er wusste, dass er aufgrund des fehlenden Abiturs niemals praktizieren durfte. 1848 wechselte er nach Würzburg, dann im Jahr danach nach Prag. Als er hörte, dass es in Baden einen Aufstand gab, machte er sich große Sorgen um seine Familie, was ihn nach Hause trieb.

1850 setzte er sein Medizinstudium in Montpellier fort, doch schon im nächsten Jahr kehrte er wieder nach Mannheim zurück.

Nach wenigen Monaten verlobte er sich mit dem Kindermädchen Clementine Sommer (1825 – 1910). Sie sollte später seine Frau werden. Er hatte sie im Weingut Bassermann-Jordan in Deidesheim kennen und lieben gelernt.

Gustav Bassermann wohnte nun mit seiner Frau in Schwetzingen. Für den Umzug der Familie von Gustav Bassermann von Mannheim nach

---

11   Johann v. Lamont (1805 – 1879) war der zweite Direktor der Sternwarte
      Bodenhausen, die er auf dem Gebiet der Erforschung des Erdmagnetismus
      zu Weltruhm führte.

Clementine Bassermann, die Mutter von Alfred in all ihren Lebensphasen; auch 88-jährig, mit acht Orden. (linke Abbildung: Stadtarchiv Schwetzingen)

Schwetzingen im Herbst 1864 wurde von der Familie das Ysenburg'sche Palais – heute die Forsthausstraße 4 – am Schlossgarten erworben.

Das Haus war einstöckig und hatte Mansarden, dicke Mauern und einen französischen Kamin. Viele Jahre später kaufte Gustav Bassermann noch ein weiteres Haus mit Garten.

Clementine setzte sich hier in vielen sozialen Bereichen großherzig ein. Sie wurde Vorsitzende/Präsidentin des Schwetzinger Frauenvereins und konnte in diesem Amt vieles bewirken. Außerdem errichtete sie Kleinkinderbewahranstalten und Suppenanstalten. Sie unterstützte mit großzügigen Spenden und Darlehen das Rote Kreuz und die Einrichtung einer höheren Töchterschule. Für ihr unermüdliches soziales Engagement wurde sie schließlich mit der Ehrenbürgerwürde ausgezeichnet.

Sie ließ eine Straße in Schwetzingen bauen, die heute noch ihren Namen trägt. Sie wollte damit erreichen, dass ihr Besuch – Kinder, Enkel und sonstige Verwandtschaft – schneller vom Bahnhof zu ihr kommen konnten.

Alfred Bassermanns unbeschwerte Kindheit und Schulzeit

Unter den Geschwistern bestand ein herzliches Verhältnis. Die Geburt des kleinen Bruders wurde mit großer Freude und viel Fantasie wahrgenommen. So kann man in Minas Notizen lesen: *„Zu meinen frühesten Erinnerungen gehört Alfs (Alfreds) Geburt. Das Eßzimmer in Mannheim war damals in zwei Zimmer geteilt. Ich saß auf dem Fußboden, vor mir*

Clementines Ehrenbürgerurkunde der Stadtgemeinde Schwetzingen von 1897.

(Stadtarchiv Schwetzingen, U 1)

Clementine mit ihren Enkeln.

auf einem Schemel mein Liebling, eine hölzerne Puppe, ohne Nase, aber in schwarzer Samtjacke, als Bäwel hereinkam u. sagte: ‚Eben habt ihr ein Brüderchen bekommen!' worauf ich sie dann ganz im Ernst fragte. ‚Ist der auch aus Holz?'"

Wenn man sich mit dem Elternhaus und der Kindheit von Alfred Bassermann beschäftigt, dann wird einem klar, warum er sich zu einem solch kompromisslosen Wissenschaftler entwickelt hat. Die Beschreibung des Familienlebens in der Hauschronik der Familie Bassermann[12] gibt interessante Einblicke: *„Die größte fast einzige Freude von Vaters berufslosem Leben war die Beschäftigung mit uns, u. er suchte den ganzen Schatz seines*

---

12   Hauschronik der Familie Bassermann, April 1877

Wissens, den er so unverwertet[13] gelassen, auf uns zu übertragen. Immerfort wollte er uns belehren, er führte selten ein gleichgültiges Gespräch, u. wir erlangten bald eine gewisse Vielseitigkeit, von der andere Kinder keine Ahnung hatten. Er verstand es zwar sehr oft nicht, dem kindlichen Gemüt Rechnung zu tragen, wir waren oft unglücklich, wenn wir statt zu spielen tiefsinnige Verse lernen mußten. ... Aber was wir damals lernten, unzählige mal aufsagen mußten, ist uns nun auch unauslöschlich eingeprägt, u. indem wir heranwuchsen, lernten wir es verstehen u. dem Vater dafür danken."

Und dennoch vermochten es die Kinder Mine, Pauline und Alfred, ihrer Fantasie freien Lauf zu lassen. So kann man in der Familienchronik über das ausgelassene Spielen im Garten des Hauses lesen[14]: *„Der ausschließliche Tummelplatz für uns Kinder u. unser unumschränktes Reich war unser prächtiger Hof. Wie riesig kamen mir all diese Verhältnisse damals vor; da war das Bergelchen, das chinesische Häuschen, der ganze Hinterbau mit Remise u. leerem Stall u. Kammern. Da hatten wir unsere Ritterburgen, unsere Gefängnisse, unser gelobtes Land mit dem heiligen Grab, nach dem wir mit Bohnenstangen als Pilgerstäbe wallfahrteten. Da bauten wir aus Bänken und Brettern ein Schiff u. saßen mit dem größten Vergnügen auf dem Verdeck u. verzehrten das Hagebuttenmus als getrocknetes Haifischblut, um auf dem einsamen Meer, auf dem wir trieben, nicht Hungers zu sterben, oder bauten mit Kanapeetüchern ein Zelt, das wir reich ausstatteten mit Bildern u. Kissen u. auf weichen Divans uns nach dem Orient träumten. Das Spiel par excellence aber, der Grundstock für alles andere, war das ‚Prinzelsspiel' Es war eigentlich immer wieder dasselbe, u. doch wurden wir jahrelang nicht müde es zu spielen. Es variierte nur je nach der Abendlektüre u. vervollkommnete sich mit ihr. Die Rollen waren immer gleich verteilt: Pauline das Ritterfräulein, Alf[15] der Ritter, ich die Kammerjungfer, Eugen der Knappe. Gewöhnlich mußte Alf Pauline auf seine Bergfeste entführen, wo sie dann nach einigen*

---

13 Für Alfred Bassermanns Vater war es wohl sehr wichtig, dass sein Wissen weitergegeben wurde.

14 Hauschronik der Familie Bassermann

15 Zum Verständnis: Alfred Bassermann wurde oft nur Alf genannt. „Ich" ist Mine. Eugen ist ein Freund der Familie. Paul ist Pauline.

vergeblichen Fluchtversuchen mit einer langen Arie starb. Aber Alf hatte ein weiches Gemüt u. konnte am allerwenigsten seine Herzallerliebste sterben sehen. Er fing daher gewöhnlich an zu weinen: ‚Nein, es darf nicht bös ausgehen', u. um den Bruder zu trösten, sprang Paul wieder auf u. rief: ‚Sei nur ruhig, da heirate ich dich eben.'"

Alfred konnte aber auch vor lauter Wut über die Stränge schlagen: Einmal trug Alfred in der Schule ein Röckchen, *„worüber ihn die Schulmädchen verhöhnten, als er im Hof eines Morgens spielte. Da faßte er in wildem Grimm ein Ziegelstück u. warf es mit solcher Heftigkeit unter die Bande, daß wirklich die eine eine blutige Wunde davontrug. Das Mädchen kam natürlich jammernd mit seiner Mutter u. erpreßte von den Eltern eine kleine Entschädigung, dem nun seinerseits bitterlich weinenden Alf wurde von Polizei u. Gefängnis gesprochen, u. tagelang sah ich einen Polizeidiener mit wahrer Todesangst an u. sah Alf im Geist schon im tiefen Kerker schmachten."*

Auch über Alfred Bassermanns erste Unterrichtserfahrungen kann man in der Familienchronik lesen. *„Alfs Unterricht war noch ungeordneter* [als der seiner Schwestern, Anm. des Herausgebers]*! Er hatte nicht die geringste Lust zum Lernen, u. Vater, immer um seine Gesundheit besorgt, tat ihm am liebsten seinen Willen. Er lernte bei Mutter das Abc, bei Vater ein bißchen Rechnen, u. unsere auszehrende Näherin, die Kaubin, mußte ihm manchmal, während sie flickte, etwas aus der biblischen Geschichte diktieren, was schön genug ausgefallen sein mag. Das kann man nun eigentlich keinen Unterricht nennen, u. doch wurde selbst dieser recht mangelhaft gegeben. Vater, immer besorgt, das Kind könne sich überanstrengen, fragte ihn beständig, ob es ihn nicht müde mache, da bildete sich Alf schließlich natürlich selber ein, er sei müde, u. als er einmal merkte, wie er sich das leidige Lernen vom Hals halten könne, hatte er halb aus Selbsttäuschung, halb aus Faulheit jahrelang des Morgens einen schweren Kopf u. einen Kropf im Hals, die aber regelmäßig, sobald Freund Eugen zum Spielen kam u. er sich vor jedem Lernen nun sicher wußte, verschwanden. Vater machte sich darüber die größte Sorge u. wollte nie glauben, was ihm die Doktoren u. Mutter sooft sagten, daß alles Einbildung sei. Erst mit 8 ½ Jahr, als wir nach Schwetzingen zogen, fing Alf eigentlich erst zu lernen an."*[16]

Alfred und seine Geschwister sollten schon in früher Kindheit einen Zugang zur Kultur bekommen und dazu – so meinte es ihr Vater Gustav Bassermann[17] – sei der Theaterbesuch besonders geeignet, selbst wenn das Theaterstück nicht unbedingt kindgerecht wäre. Gustav Bassermann ließ sich aber nicht irre machen u. sagte: *„Was sich nicht für sie paßt, verstehen sie nicht, dem Reinen ist alles rein.' ... Alf führte freilich einmal eine komische Geschichte auf. Es war im Freischütz, als die Wolfsschlucht kam, als ihm vor all den gräulichen Gestalten eine solche Angst erfaßte, daß er jammernd der Mutter auf den Schoß stieg, u. als er sich auch hier nicht sicher sah, sogar unter die Sperrsitzbank kroch."*[18]

Die Kinder improvisierten immer wieder kleine Theaterstücke. *„Am liebsten war uns aber ein eigens von uns erfundener Aufzug, den wir mit kleinen Variationen immer wiederholten, der aber seinen Ursprung in der Überreichung jenes alten Eisens von der Hardenburg nahm ... Das rostige Eisen muß ein Beschläg gewesen sein u. hatte in der Mitte zwei Löcher, da zogen wir ein altes grünseidenes Band hindurch, ,das ist die Hoffnung, die ihr für uns hegt' hieß es in dem Gedicht, das wir nun verfaßten. Dann zogen wir alle vier, Eugen natürlich mit, über unsere Kleider Hemden von Mutter an, banden Tücher um den Kopf, Alf als jüngster trug auf einem Kissen das zum Briefbeschwerer avancierte Eisen, eines trug das Gedicht, die beiden anderen, rein als Staffage ein Kissen oder ein Kästchen, u. so ging es in feierlichem Zug zu den hocherstaunten Eltern."*[19]

Seine Schwester Pauline berichtete von einer Begebenheit am 4. Mai 1868.[20] Auf dem Heimweg von Ketsch begegneten die Kinder mit ihrem Vater einem armen Mann, der durch den Verlust seines Pferds seine Arbeit nicht mehr verrichten konnte und am Hungertuch nagte. Der Vater schenkte ihm einen Geldbetrag. Zu Hause angekommen packten die Kinder Fleisch, Brot, Butter und einen Krug Wein zusammen, um auch zu helfen. Alfred plünderte sogar sein Sparschwein und schenkte den armen Leuten 18 Kreuzer. *„Die Leute dankten uns so herzlich, und die Frau besonders war*

---

17 Gustav Bassermann 1820 – 1875, ohne Beruf
18 Hauschronik der Familie Bassermann
19 Hauschronik der Familie Bassermann
20 Pauline von Duschs Tagebücher aus den Jahren 1867 bis 1876

ganz außer sich. Wie schön, wie herrlich ist es Arme zu erfreuen!"[21]

Ab und zu zogen die Kinder zur Bassermann-Konservenfabrik mit einem Leiterwagen, um dort Erbsenschoten für die Geißen zu holen.

Wie herzlich das Verhältnis unter den Geschwistern war, zeigt sich auch in Paulines Tagebucheintragungen, als Alfred in die weiterführende Schule nach Mannheim ging. Am 19. Juli 1868 fand in einem Festakt die Verabschiedung der Grundschüler statt. Der Schulleiter ließ diejenigen Schüler einzeln an den Katheder vortreten. *„Es war ein unendlich ergreifender Augenblick als die Knaben vor ihren Lehrer hintraten u. er ihnen die Hand reichte und sie ermahnte so fortzufahren und wenn sie einst in der Welt zerstreut sein würden, den schönen Stunden ihres hiesigen Zusammenseins und überhaupt dieser Schule, die sie nun verließen ein freundliches Andenken zu weihen."*

Nach dem Abschied aus der Primarschule kam am 30. September dann auch der Abschied von Schwetzingen, denn Alfred sollte in Mannheim das Gymnasium besuchen. *„Jetzt geht der liebe Alf von uns fort. Ich kann mir's gar nicht denken, ich glaube daß ich auch deßhalb so ruhig bin. Aber wenn er einmal fort sein wird, werde ich ihn sehr vermissen. Besonders wenn die langen Winterabende kommen, wo wir immer so froh zusammen spielten. O ich weiß das wird mir manche schmerzliche Stunde kosten. Eben geht es auch dem armen Papa gar nicht gut. Ach wenn er doch nur einmal gesund und glücklich sein könnte. Ich glaube daß Alf's bevorstehender Weggang ihn sehr niederdrückt. Das ist alles sehr traurig und ich fühl es auch."*

In Mannheim lebte Alfred bei der befreundeten Familie Baumann, von der er herzlich und liebevoll aufgenommen wurde.

Alfred Bassermann zeigte schon in der Jugend ein bemerkenswertes patriotisches Verhalten. Beim Ausbruch des Deutsch-Französischen Kriegs 1870 war er als 14-Jähriger bereit, sich als Freiwilliger an die Front zu melden.

Der blutige Krieg forderte unzählige Verwundete, die aber nur sehr dürftig versorgt wurden, da es nicht nur an Ärzten und Sanitätern fehlte, son-

---

21   72 Kreuzer entsprachen damals einem Goldgulden. 18 Kreuzer entsprachen 0,25 Goldgulden; es war also kein geringer Betrag.

dern auch in den überfüllten Lazaretten so gut wie kein Verbandmaterial zur Verfügung stand und die Verwundeten dort schrecklich untergebracht waren. Am 9. August 1870 schreibt Pauline: *„Viele liegen in Tabakschuppen. … Und wir, die wir die herrlichsten Räume haben, sind immer noch ohne Verwundete. Weil wir nur badische bekommen sollen! Hört denn dieser Particularismus nie auf?"*

Als das Reservelazarett in den Zirkelsälen des Schlosses eingerichtet war, übernahm seine Mutter Clementine 1870/71 die Leitung des Pflegedienstes und die Aufsicht der Krankensäle mit mehr als 300 Betten[22]. Die ganze Familie kümmerte sich mit großem Patriotismus im Reservelazarett um die Verwundeten des Krieges. Im Spital fanden Konzerte statt, wofür ein Flügel aus dem Hause Bassermann herbeigeschafft wurde. Clementine machte zwischen Freund und Feind keinen Unterschied. Es wurde sogar die Marseillaise gespielt. Diese menschliche Haltung brachte ihr unter den Mitbürgern nicht nur Sympathien ein. Sie erhielt insgesamt acht Auszeichnungen für ihr wohltätiges Verhalten.

Alfred Bassermanns beruflicher Werdegang

Um den beruflichen Werdegang von Alfred Bassermann richtig zu verstehen, kann man auch die Erinnerungen in Betracht ziehen, die er von seiner Schulzeit hatte. Er besuchte in Mannheim bis zum Umzug nach Schwetzingen keinen richtigen Unterricht. So überlegte man, ihn in die erweiterte Volksschule mit dem Bildungsplan einer Bürgerschule[23] in Mannheim zu geben.

Diese Tatsache hatte ihn wohl so sehr beeindruckt, dass er zum 60. Jahrestag der Oberrealschule in Schwetzingen am 31. März 1928 von Königsfeld aus über seine Eindrücke von damals Blätter der Erinnerung schrieb.

„Die, Erweiterte Volksschule'
Die Nachricht, daß Schwetzingen zur Sechzigjahrfeier der Oberrealschule und ihrer Vorläufer rüstet, hat freundlich ihren Weg zu meinen Schwarzwaldhöhen heraufgefunden und lenkt meine Gedanken hinunter nach der

---

22 Hauschronik der Familie Bassermann

23 Die höhere Bürgerschule in Mannheim wurde am 19. Oktober 1840 gegründet. Sie verstand sich primär als Bildungsstätte für die Söhne Mannheimer Kaufleute und Handwerksmeister. Sie war eine städtische Schule, die ihre Schüler nicht auf ein Universitätsstudium vorbereitete, sondern auf praktische Berufe im kaufmännischen und handwerklichen Bereich.

frohen gesegneten Pfalz und zurück zu den Erinnerungen sonniger und versonnener Bubenzeit.

Eigentlich denkt mir die Schwetzinger Schule länger als sechzig Jahre. 1864 im Herbst war mein Vater mit uns nach Schwetzingen übergesiedelt. Ich war damals 8 Jahre alt. Den Winter über wurde ich noch notdürftig vorbereitet, weil meine Kenntnisse mehr als mangelhaft waren, und nach Ostern 65 trat ich zum ersten Mal meinen Schulweg an, von der Forsthausstraße bei ‚Schüßlers‘ durch, dem alten biederen Gartenschützen, der anno 48 als Leibgrenadier seine Hand verloren hatte. Es muß schon spät im Frühjahr gewesen sein. Im Schlossgarten hatten die alten Kastanien schon ihre Blütenkerzen aufgesteckt, und die Weinblumen, wie wir damals noch auf gut Süddeutsch sagten, strömten ihren berauschenden Duft herüber, während ich, nicht ohne eine gewisse Beklemmung, als Muttersöhnchen, dieser fremden neuen Welt entgegen wanderte. Als ich an das Schulhaus kam, das der evangelischen Kirche gegenüber an dem platzartig breiten baumbestandenen Weg freundlich in der Morgensonne dalag, saß und summte um die vorspringende Treppe schon ein Schwarm Buben, wie die Bienen um ihr Schlupfloch. Als Neuling wurde ich mit vorsichtigen Fühlern empfangen, und als meine kindliche Weltfremdheit erkannt war, wie es bei allen Rekruten üblich ist, mit guten Ratschlägen und Räubergeschichten zwischen Furcht und Hoffen auf das zu erwartende neue Leben vorbereitet.

Meine Ausstattung wurde im allgemeinen gut befunden. Einige äußerten Bedenken wegen meines Schreibmaterials und schlugen mir teilnehmend einen Tausch von Stahlfedern und Bleistiften vor, wogegen Andere sagten, das sei ‚gefuggert‘[24]. Dann nahte der Lehrer, ich glaube es war Herr Bader von der Dreikönigstraße, um die Ecke biegend, und wir drängten alle durch die heilige Pforte, um uns an dem Quell der Weisheit zu erbauen."

Alfred ca. 20 Jahre alt.

Im Folgenden erzählt Alfred Bassermann von seinen Lehrern, die er im Schönschreiben, als Hauptlehrer, als Lehrer im Fach Religion und als

---

24   ‚Fuggern‘ bezieht sich auf das schwäbische Kaufmannsgeschlecht und bedeutet ‚Tauschhandel betreiben‘.

Schulleiter hatte, aber auch von seinen Klassenkameraden und Klassen-kameradinnen.

„Am rührendsten erscheint mir in diesen Erinnerungen immer unsere unerschütterliche Ehrfurcht vor den Lehrern und auch vor dem Lernen selbst, die mich und, wie ich glaube, auch meine Kameraden erfüllte. Und ganz besonders wirkte sich diese Auffassung bei den Prüfungen aus, die mit einem heiligen Ernst betrachtet und betrieben wurden. Dazu mag der Um-stand beigetragen haben, daß die Schule in jenen Anfangszeiten auf höchst schwachen Füßen stand, als Improvisation, die sie war, in der Oeffentlichkeit auf ein tief wurzelndes Mißtrauen stieß und so eigentlich immer wieder ihre Existenzberechtigung aufs neue beweisen mußte. Diesen Beweis zu erbrin-gen, waren vornehmlich die Prüfungen angetan. Das wußten die Lehrer, und von diesen übertrug sich die Erkenntnis wohl instinktiv auf uns Schüler. Auf die Prüfungen, die an Ostern stattfanden, wurde in der Vorbereitung und Ausführung ein Maß von Energie und Sorgfalt verwendet, das späteren Zeiten, die solche feierliche Akte mehr als Dekoration und Schaustellung zu betrachten gelernt haben, vielleicht Gegenstand des Lächelns sein wird. Bei uns floß der Schweiß der Tugend bei dieser Gelegenheit in reichlichen Strömen. Prüfungs-Aufsätze und – Stile wurden im Feuer exerziert, ohne Beihilfe. Und dazu wurde besonders schönes Papier verwendet. Ich erinnere mich solches mit gepreßtem Rand, wie das Pandektenpapier der Studenten.

Auch geometrische und Freihandzeichnungen wurden mit Fleiß angefer-tigt, und vor allem unser Stolz, unsere geliebte Landkarte.

All diese Früchte unseres Bemühens wurden dann im Prüfungssaal, dem großen Gewerbeschulzimmer auf Tischen zur Schau gestellt. Am Prüfungstag versammelte sich ein ansehnliches Publikum, das von dem stets lebendigen Interesse für die Anstalt Zeugnis gab, dazu die Spitzen von Gemeinde- und Staatsverwaltung und die Geistlichkeit; es war immer eine stattliche Ver-sammlung. Und dann begann die Prüfung, Klasse für Klasse, auch wieder in vollem Ernst gemeint, keine abgekartete Vorführung, wo jeder die Ohren steifzuhalten hatte und sich nur auf sein Können verlassen mußte. Im einzel-nen wird ja eine gütige Hand gewaltet und die Frage nach der Fähigkeit der Prüflinge gnädig abgewogen haben. Aber wir Buben waren uns dessen nicht bewußt und blieben ehrlich gespannt, unser Bestes zu geben

Wenn dann die Feuerprobe glücklich bestanden war, kam der beloh-nende Schlußakt am letzten Nachmittag. Der feierliche Eröffnungsgesang, dann eine Reihe Vorträge, die uns alle wunderschön vorkamen, darunter auffallend viel humoristische, die wohl dem Pfälzer Blut besonders gut lagen und meist viel Effekt machten. Das Hauptstück bildete ein gut ge-wählter Ausschnitt aus einem Drama mit einer Reihe Mitwirkender, auf einem regelrechten Podium gespielt. Einmal gaben wir Szenen aus Tell,

ein anderes Mal aus dem Wallenstein. Diese Aufführung ist mir besonders
lebhaft in Erinnerung.

Dann kam noch die Preisverteilung, wo es immer gutgewählte gediegene
Bücher gab (ich habe noch deren zwei, Gellerts Fabeln und Hauffs Lich-
tenstein, nette Ausgaben mit guten Bildern und herzlichen Einträgen des
Herrn Heffner), endlich eine Rückschau des Direktors auf das abgelaufene
Schuljahr und eine erbauliche Schlußbetrachtung des Dekans. Dann ging
es hinaus mit vollem Herzen in den blühenden Schloßgarten mit Karl Keller
zusammen, und wir ließen den großen Tag in uns nachklingen und machten
stolze Pläne für die Zukunft

Wo sind sie hin, die duftverhangenen Frühlingstage, wohin die guten
Kameraden und die ehrwürdigen Lehrer, wohin die unscheinbar kleinen
Erlebnisse und Sorgen und Erfolge, die in unserer Kindervorstellung doch
so groß und wichtig waren? Aber es ist nichts an sich klein und groß, unser
Geist macht es erst dazu, und wenn das Einzelwesen vergeht, der Geist, der
es belebt hat, dauert und wirkt weiter. So hat auch jene Anfangszeit der
Schwetzinger Schule, so fragmentarisch und mangelhaft sie gewesen sein
mag, ihr gutes Recht aufs Dasein erwiesen. Mit erstem, ehrlichem, nur auf
die Sache gerichteten Wollen hat sie ihre Arbeit geleistet und mit feinem Takt
und liebevollem Verständnis hat sie unsere jungen Seelen zu gewinnen und
zu formen gewußt, geradezu spielend frei und ohne pedantischen Zwang,
so daß diese ernste ehrliche Liebe zur Sache unvermerkt in uns Buben überging und uns blieb als wertvolle Lebensgrundlage. Die Schwetzinger Schule
erreichte es doch, daß man wohlvorbereitet (nur im Griechischen waren
Privatstunden nötig) in die Ober-Quarta (jetzt Ober-Tertia) des Mannheimer
Lyzeums eintrat und dabei auf die fröhlichst ungebundene Jugendzeit dankbar zurückblicken konnte

Ich glaube, in diesen bescheidenen Anfängen mit der treuen Arbeit jener
schlichten Männer liegt der geheime Segen, der die Anstalt zu dem schönen
Gedeihen geführt hat, in dem wir sie an ihrem heutigen Jubeltag vor uns
sehen."[25]

Nach dem Abitur entschloss sich Alfred Bassermann, ein Jahr Militärdienst anzuhängen, bis zum Herbst 1875.

Danach studierte er in Berlin, Kiel und Heidelberg Jura, besuchte aber
auch Vorlesungen von anderen Fächern.

---

25   aus: 60 Jahre Höhere Schule in Schwetzingen; Sonderdruck der Schwet-
     zinger Zeitung anlässlich der Sechzig-Jahrfeier der Oberrealschule
     Schwetzingen; 31. März 1928

Er schloss das Jurastudium im Jahr 1880 mit dem 1. Staatsexamen und 1883 mit dem 2. Staatsexamen ab.

Seine Schwester Mina schrieb über ihn: *„Auf ihn trifft zu: die heftigsten Menschen sind die besten. An Heftigkeit und Herzensgüte fehlt es ihm wahrhaftig nicht. ... Darin hat er viel mit seinem Vater gemein, aber er hat den Vorzug einer unbegrenzten Offenheit und Geradheit, und das macht mir ihn so unendlich liebenswert. Man weiß immer, woran man mit ihm ist.“*[26]

Von sich selbst schrieb Alfred Bassermann über sein Wesen:

„Verträumt, scheu, überempfindlich, das war das Wesen meiner ganzen Kindheit. Mit dazu beigetragen wird haben, daß ich oft krank war. Auch daß ich nicht in die Schule gehen durfte, sondern zu Hause unterrichtet wurde, mag mein absonderliches, einsiedlerisches Wesen noch verstärkt haben.“[27]

Und weiter führt Bassermann über sich aus: *„Meine Einblicke in die Astrologie machten mich darauf aufmerksam, dass wirklich Vieles in meinem Wesen, in meinen Anlagen, Neigungen, Fähigkeiten, Stimmungen, Schicksalen mit meinem Geburtsstern, dem Saturn*[28] *zusammenzuhängen scheint, aus ihm sich erklären läßt. So das Beklemmende, Ahnungsvolle, das dumpfe Erwarten eines Schicksals, der Alp des Schweigens, der so oft den Augenblick versäumt und in Folge dessen das Verkanntwerden, die geheimnisvolle Lockung alles Dunkeln, Gruftartigen mit dem Bewußtsein drohender Gefahr.“*[29]

Auch nach dem Eintritt als Assessor in den höheren Verwaltungsdienst war Alfred Bassermann nicht glücklich.[30] *„Ein junger Verwaltungsbeamte, der den Weg von der Wohnung zur Dienststelle zu Pferd zurücklegte und*

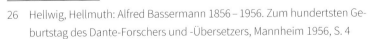

26 Hellwig, Hellmuth: Alfred Bassermann 1856 – 1956. Zum hundertsten Geburtstag des Dante-Forschers und -Übersetzers, Mannheim 1956, S. 4

27 siehe oben

28 Der Planet steht für Struktur und Ordnung und ist für eiserne Disziplin sowie enormen Fleiß verantwortlich.

29 Hellwig, Hellmuth, ebenda

30 Dieter Bassermann zum Gedächtnis, in: Schriften der Gesellschaft der Freunde Mannheims und der ehemaligen Kurpfalz; Mannheimer Altertumsverein, Heft 4

vor dem Amt abstieg, passte auch wohl nicht ganz in den Rahmen dieser einfachen beamtlichen Hierarchie."

Er fand, dass er eingezwängt war in den Verwaltungsdienst und in die Tätigkeit eines Reserveoffiziers. Bei einem Urlaub in Italien schrieb er im Jahre 1886 an das Ministerium des Innern in Baden, dass er von den Tätigkeiten freigestellt werden wollte. Sein Ziel war: eigene Studien über das Thema Dante in Italien durchzuführen. Früh hat man ihm einen Lehrstuhl für Danteforschung angeboten, aber er lehnte dieses Angebot ab.

Bevor Bassermann allerdings seine Studien in Italien beginnen konnte, wohnte er in Schwetzingen in dem erweiterten Familienanwesen. Er bereitete sich dort darauf vor, sich während der nächsten vierzig Jahre mit Dante und dessen Werken intensiv zu beschäftigen.

„... Als nach dem Tod meiner Mutter der ganze Besitz in meiner Hand zusammenkam, blieb das von mir umgeschaffene Haus Nr. 5 mein Wohnsitz; das Eckhaus wurde den Familien meiner Miterben als oft benutztes Gastquartier bestimmt. Forsthausstraße Nr. 3, das von meiner Mutter mit vieler Passion in eine große Zahl von Zweizimmerwohnungen für bedürftige kleine Familien aufgeteilt worden war, durfte seinem Zweck weiter dienen."[31]

Alfred Bassermanns erste Ehe mit Marie Scipio

In ihrer Jugend war Marie Scipio eine auffallend hübsche Frau. Sie stammte aus einer patrizierhaften Familie und empfand das Leben in der bürgerlichen Familie Bassermann als einen gesellschaftlichen Abstieg. Die Vorfahren ihres Vaters August Scipio waren Lüneburger Salzsieder und Honoratioren. Sie pflegte zu sagen: *„Wie meine Vorfahren schon längst Senatoren, Ärzte und Richter waren, waren eure noch Brezelbäcker. Beim Verlobungsessen, das im großen Esszimmer der Großmutter Bassermann stattfand, gab es Würstle und Kartoffelsalat. Sie hatten einen Bauerntrampel [beauftragt], der servierte. Das Vorlegebesteck fehlte und wie Mama Scipio [die Würstchen] angeboten wurde, zögerte sie. Das Dienstmädchen nahm die Situation fest in den Griff und auch eines der Würstchen und legte es ihr auf den Teller. Alfred bekam einen Wutanfall, knallte den Suppenteller auf die Suppenschüssel und stürzte aus dem Raum."* Es änderte nichts an der Planung der Liaison, denn Alfred galt immer noch als gute Partie.

Am 7. April 1880 heiratete Alfred Bassermann Marie Scipio (1859 – 1938) in Heidelberg.

---

31 aus: Mannheimer Geschichtsblätter, Jahrgang 1925, S. 150

Aus dieser Ehe entstammten fünf Kinder:

Marie Scipio (13. September 1859 – 7. Oktober 1938) und Alfred.

Gustav

Er wurde in Mannheim am 24. Mai 1882 geboren.

Er studierte Kunstgeschichte und widmete sich später dem Kunsthandel. Im Militärdienst war er Rittmeister bei den Dragonern und diente als Offizier.

Am 29. November 1943 kam er durch einen tragischen Unfall ums Leben.

Wilhelm

Er wurde in Heidelberg am 23. Oktober 1884 geboren.

Er diente als Freiwilliger bei den Dragonern. Das Studium in Breslau schloss er mit einer Arbeit über die Straußenzucht ab. In der Folge betrieb er als Agrarökonom die Farm „Bassermann" in Dnumborambonga bei Okahandja in Südwestafrika und züchtete Strauße. Das Buch „Der Strauß und seine Zeit" von Dr. Wilhelm Bassermann erschien im Wilhelm Süsserott-Verlag, Berlin, Kolonialbibliothek Band 23.

Am 21. September 1917 fiel er in Roulers in Belgien.

Alfred Dietrich

Er wurde am 28. Oktober 1887 in Mannheim geboren und starb am 9. Mai 1955.

Er wurde ‚Dieter‘ gerufen. Er war ein angesehener Rilkeforscher. Zu seinen bekanntesten Werken zählen die Bücher ‚Der späte Rilke‘ und ‚Der andere Rilke‘. Auch versuchte er sein Glück mit einer Tomatenfarm in Tripolitanien/Afrika heute Libyen.

Augusta Johanna

Marie und Alfred Bassermann zu Pferde mit ihren ersten drei Kindern aus dieser Ehe in einem Eselswägelchen ca. 1888. Auch das Dienstpersonal ist auf dem Foto abgebildet: hinten die beiden Köchinnen und vorne das Kindermädchen und der Stallmeister.

Wurde in Heidelberg am 13. August 1890 geboren und starb am 20. August 1983.

Sie war zweimal verheiratet.

Sie wurde ‚Hansl‘ oder auch ‚Mau‘ genannt.

Alexander Wilhelm

Er wurde in Schwetzingen am 22. April 1895 geboren und starb am 9. März 1945 in Hamburg.

Sein Rufname war Alex. Von Beruf war er Kaufmann.

Marie war eine starke Raucherin; sie rauchte eine „Papyrossi"[32] mit einem langen Mundstück. Diese Tatsache verlieh ihr ein exotisches Flair, wenn sie rauchend im Landauer im Wagenfond saß.

Sie hatte stets einen ganz besonderen Begleiter auf ihren Reisen dabei: einen Affen, den sie aus Afrika mitgebracht hatte, und der in einem Papageienkäfig mitreiste. Ein Gepäckträger auf einem Bahnhof, welcher nichts ahnend den abgedeckten Käfig zusammen mit Koffern transportierte, ergriff kopflos die Flucht, als der Affe ihn an seinem Rocksaum zupfte.

Marie war viel krank. Sie hatte 13-mal Venenentzündung und musste lange das Bett mit hochgelagerten Beinen hüten.

Ihre Kinder liebten sie heiß und innig und konnten mit all ihren Nöten zu ihr kommen. Alfred Bassermann empfand das als Verschwörung der Kinder und Maries gegen sich und es war für alle eine große Erleichterung, wenn Alfred Bassermann auf eine seiner vielen Reisen ging.

Marie Scipio-Bassermann mit einer „Papirossa".

Eigentlich war die Kindheit der fünf Kinder in Schwetzingen in diesem großen Anwesen des Ysenburg'schen Palais paradiesisch.

Die Kinder hatten viel Platz zum Spielen, Toben und viele Tiere.

Es gab einige Reitpferde u.a. ‚Räppele'. Mit ihm wurde "Jeu de Rose" gespielt. Die Reiter versuchten sich gegenseitig eine an der Schulter angeheftete Rose zu entreißen. ‚Orest' ein großer Berghund, der alles mit sich machen ließ und ‚Meckele und Muckele' zwei Ziegen in schwarz und weiß ließen sich sogar vor ein Wägelchen spannen.[33]

Es gab eine Schleiereule für die die Kinder Mäuse auf dem Dachboden fingen. ‚Hugin und Munin' waren zwei zahme Raben. Sie lebten frei zusammen mit den Hühnern und Enten im Hof und am Sandsteinwasserbecken. Sie ließen sich füttern und streicheln. Sie hatten ihre Freude daran, sich am Schwanz der Ente festzubeißen und sich dann unter mörderischem Geschrei der Ente durch den Garten ziehen zulassen

Dann gab es den Papagei „Coco" von Marie; grau mit roter Brust.

---

32   Die Papirossa ist eine Zigarettenart, bei deren Herstellung ein längeres Pappmundstück geformt wird. Nur ein kurzes Stück der Zigarette ist mit starkem, kurzfaserigem Presstabak gefüllt. Vor dem Rauchen knickt man das Papröhrchen zweimal ein, damit eine Luftkammer entsteht, in der der Tabakrauch abkühlt.

33   Erinnerungen von Johanna Baumann, geb. Bassermann Hamburg 1977.

Er konnte Namen sprechen, Bellen, Miauen, Krähen und die knarrende Tür nachmachen.

Noch eine amüsante Scene: Wie Alfred einmal am Tisch heftig laut wurde, gab Coco das Echo. Alfred war wütend und beschämt und deckte den Käfig des Papageis mit seiner Serviette zu. Die Kinder konnten ein Lächeln nicht unterdrücken!

Eine stärker werdende Gehbehinderung führte im Laufe der Jahre zur Gewichtszunahme, und eine manische Depression machte das Zusammenleben von Marie und Alfred zusehends schwieriger.

Das Eheleben war anfangs liebevoll und von Respekt geprägt. Das änderte sich aber mit der Zeit. Es kam immer häufiger zu Meinungsverschiedenheiten, Streitereien und kritischen Nörgeleien. So war es Marie ein Dorn im Auge, dass ihr Mann keiner ‚ordentlichen' Arbeit nachging, sondern sich als Privatier der brotlosen Danteforschung hingab. Auch den Kindern blieben die häufigen Wutausbrüche nicht verborgen. In unterschiedlichen Berichten der Kinder erfährt man, dass heftige Streitereien zum Alltag gehörten. In Aufzeichnungen einer Tochter ist zu lesen: *„Vaters Wesen konnte von sprühender Lebhaftigkeit sein. Er konnte der charmanteste, liebenswürdigste Mensch und der geistreichste, amüsanteste Gesellschafter sein. Er hatte ein überreiches Wissen und eine Gelehrsamkeit, wie man sie wohl selten findet. Italienisch sprach er wie seine Muttersprache, Griechisch und Lateinisch sprach er fließend, ebenso Französisch. Englisch eignete er sich noch mit 50 Jahren an. Als Gelehrter und Wissenschaftler war er groß, als Pädagoge und Familienoberhaupt war er nach meiner Meinung völlig unfähig. Wir hatten als Kinder eine unbezwingliche Angst vor ihm und er verstand nicht unser Vertrauen zu erwerben. Durch seine allzu große Strenge veranlasste er uns, ihm nicht rückhaltlos die Wahrheit zu sagen, denn wir wussten, dass uns Strafe erwartet."*

Alfred hatte stets einen gepackten Koffer unter dem Bett liegen, damit er jederzeit das Zuhause verlassen und auf Reisen gehen konnte, wenn allzu viele Aufregungen, Ärger und heftige Auseinandersetzungen zusammengekommen waren. Das tat er auch einige Male.

Die im Laufe der Jahre zerrüttete Ehe hatte keine positive gemeinsame Zukunft. Das führte dazu, dass Alfred sich in das hübsche Kindermädchen Hedwig Pfeiffer verliebte und sie ein Kind von ihm erwartete. Eine Trennung von seiner Frau Marie war unvermeidbar.

Bei der Scheidung verhielt sich Marie erstaunlich großzügig nicht nur ihrem Mann, sondern auch seiner neuen „großen Liebe" gegenüber. Sie verzichtete auf jeglichen finanziellen Ausgleich, da auch sie selbst aus einer wohlhabenden Familie stammte und über erhebliches Privatvermögen verfügte. Der Besitz, den sie in die Ehe mitbrachte, bestand aus einer geräumigen Wohnung in Leipzig (Wintersitz), den Rothof in Staufen (Reiterhof und Sommersitz) ebenso den Ormsheimer Hof in Frankenthal/ Pfalz. Er blieb auch nach der Scheidung in ihrem Vermögen. Auch Hedwig Pfeiffer gegenüber war sie großmütig. Als diese vor der Geburt des unehelichen Sohns Manfred in Südfrankreich weilte, brachte sie ihr eine ganze Babyausstattung mit und versicherte ihr, Alfred zu beeinflussen, sie möglichst bald zu heiraten.

Der in seiner ersten Ehe als cholerisch und despotisch geltende Ehemann Alfred Bassermann war seiner zweiten Ehefrau Hedwig Pfeiffer hingegen sehr zugetan und er verehrte sie.

Alfred Bassermanns zweite Ehe

Auch die zweite Ehe von Alfred Bassermann mit Hedwig Pfeiffer (1880 – 1927)[34] war – die Anzahl der Kinder betreffend – „erfolgreich". So kamen Manfred, Rudolf, Freya – die Mutter der Herausgeberin dieser Biographie – und Kathy[35] (Cady) zur Welt.

Bassermanns Sohn Manfred, geboren am 12. Juni 1911, durfte nicht lange leben, denn bereits im Alter von 14 Jahren verstarb er am 21. November 1925. Ein Vertreter der Schule in Salem hielt bei dessen Beerdigung eine Rede. In ihr beschreibt er Manfred als kein unbeschriebenes Blatt, auf dem sich eine schöne Zeichnung erkennen ließ, die dessen späteres Leben ausgefüllt hätte.

„… *Was er werden sollte, das war er schon, nur in kleinem Maßstabe. … das war sein Sinn für das Wirkliche. Der zeigte sich in seinen Aufsätzen. … Und bei dieser hohen Begabung war Manfred sehr bescheiden. Niemals suchte er sich ins rechte Licht zu setzen, niemals bemühte er sich um Gunst, sei es der Lehrer oder der Kameraden …*

Hedwig Pfeiffer (21. Januar 1880 – 9. Oktober 1927) Seine zweite Ehefrau.

34   Hedwig war die Tochter von Eugen Pfeiffer und dessen Frau Marie Sophie Karoline (geb. Mohr). Eugen Pfeiffer war Musikalienhändler und Besitzer des Musikhauses Pfeiffer in Heidelberg.

35   In den Unterlagen findet man unterschiedliche Schreibweisen und Rufnamen der Familienmitglieder. So wird der Name Kathy auch als Cady, Caty oder Kati geschrieben.

Hedwig und Alfred.

Manfred war standhaft, wie ein erprobter Mann.
Immer, wenn sein Bewußtsein nicht getrübt war,
gleich als er nach einer Operation wieder zu Klarheit erwachte, schnellten seine Gedanken zurück
zur Rücksicht auf andere. ... Einmal hat er gebetet:
‚Ach, lieber Gott, hilf mir doch!‘

   Aber seine Frömmigkeit war von der Art, daß
er sich auch vor dem Tode nicht gefürchtet hätte.
... Er wollte das Gute und hätte auch die Kraft zum
Guten gehabt.

   ... Wenn seinen Eltern, als sie ihm den Namen Manfred gaben, ein ritterlicher Jüngling vorgeschwebt
hat, so paßte der Name. Er sah aus wie ein Edel-
knabe, er hatte die Instinkte eines edlen Blutes: Rein,
kühn und gütig waren alle seine Willensregungen.“[36]
An Manfreds Grab in der Nähe von Salem findet
man nahe der kleinen Kapelle an der Friedhofs-
mauer folgenden Text:

„Kränze, wenn Du lebtest, Dir beschieden,
nicht erreichte!
Knabe, schlaf in Frieden!“
(C.F. Meyer)

Manfred als Kind und sein
Grabstein in Salem.

36   Archiv Schule Schloss Salem: Kurt-Hahn-Archiv im Kreisarchiv Bodensee-
     kreis.

Alfred Bassermanns politisches Engagement

Sehr interessant ist beispielsweise der Hinweis in einer Chronik vom 12. Juli 1879, dass sich die Bassermann-Familien[37] politisch stark unterschieden: Die Schwetzinger Familie hasste die Preußen, denn beispielsweise Johann Ludwig Bassermann (1781 – 1828) aus Mannheim war derjenige, auf den das Eisengeschäft in Mannheim überging und am 6. März 1811 zum Ratsherrn erwählt wurde: Die Mannheimer Familie war Anhänger des Reichskanzlers Bismarck, nachdem Felix Bassermann beispielsweise der nationalliberalen Partei angehörte und ein großer Verehrer von Bismarck war.

Was war die aktuelle politische Lage, die die Familie Bassermann in zwei Lager spaltete? Die Auseinandersetzungen zwischen dem Königreich Preußen (später dem Deutschen Kaiserreich) unter dem Reichskanzler Otto von Bismarck und der katholischen Kirche unter Papst Pius IX. eskalierten ab dem Jahr 1871 im sogenannten Kulturkampf. Im Verlauf des 19. Jahrhunderts war der Liberalismus vorwiegend bürgerlich-städtisch geprägt, und die Landbevölkerung wurde durch die fortschreitende Industrialisierung immer mehr an den gesellschaftlichen Rand gedrängt. Sie fand einen Fürsprecher in den Vertretern der katholischen Kirche, die auch von antiliberalen Adligen unterstützt wurde.

Als der Erste Weltkrieg ausbrach, meldete sich Bassermann mit 58 Jahren freiwillig an die Front, da er sich durch und durch als Soldat

Alfred als Soldat im Ersten Weltkrieg zusammen mit seiner Frau und den drei Kindern Manfred, Freya und Cady.

37 Es entwickelten sich zwei Familienzweige und es entstanden die ‚Eisenbassermanns' und die ‚Bassermanns am Markt'.

und als echter Deutscher empfand. Er wurde aber nach kurzer Zeit in den Vogesen schwer verwundet – am 30. August 1914 wurde er durch einen Ellenbogenschuss auf einem Erkundungsritt bei Drei Aehren im Elsass schwer verletzt – und konnte wieder den Militärdienst verlassen und nach Hause zurückkehren. Dort wurde er 1917 mit dem Eisernen Kreuz und anschließend mit dem Zähringer-Orden ausgezeichnet.

Trotzdem hatte ihn das Ende des Erste Weltkriegs und das Verhalten der Volksvertreter sehr enttäuscht.

„... Dann kam der Krieg und der Zusammenbruch und die Wohnungszwangswirtschaft und die Inflation, und damit war diesem Gebilde aus einer Zeit, die uns heute schon fast wie ein Märchen aus Tausend und einer Nacht anmutet, der Boden und der Lebensatem entzogen ...“[38]

Die Zeit in Königsfeld

Da seine zweite Frau Hedwig inzwischen krank geworden war, verkaufte Alfred Bassermann im Jahr 1921 das Ysenburg'sche Palais in Schwetzingen und zog in den Schwarzwald nach Königsfeld.

Dort waren seine Kinder (Manfred, 10 Jahre/Freya, 8 Jahre und Cady, 5 Jahre, da Rudolf ja bereits im Jahr 1913 im 1. Lebensjahr gestorben war) nicht so abgeschirmt von den anderen Kindern wie in Schwetzingen. Das Leben hier beeinflusste das Familienleben vor allem in emotionalen Bereichen so nachhaltig, dass in den Unterlagen ausführlich darüber berichtet wurde. Das Haus am Ende von Königsfeld eignete sich für die Kinder hervorragend zum Bauen von Moosgärten und zum Spielen in der freien Natur. Alfred Bassermann unternahm auch unzählige Wanderungen mit seinen Kindern. Auf einem Zeichenblock wurden Skizzen entworfen, und zuhause durften die Kinder die Bilder ausmalen. Schon zu Beginn des Winters genoss man das Skilaufen beziehungsweise das Skiwandern. Abends saß die Familie an einem großen Tisch und im Winter brannte das Kaminfeuer.

Helene Sammler war in Königsfeld die Gouvernante für Freya und Cady und die Seele des Hauses.

„Am schönsten waren wohl die Abende am Kaminfeuer nach dem Essen. Da saßen wir alle zusammen, die Mutter in ihrem Liegestuhl, Manfred und Cady die Flammen schürend, die immer tätige Freya mit einer Handarbeit und ich desgleichen.

Helene Sammler (16. September 1884 – 26. November 1959). Sie war Gouvernante im Hause Bassermann.

---

38   aus: Mannheimer Geschichtsblätter, Jahrgang 1925, S. 150

Da las Herr Baßermann vor, und die Kinder wurden so mit einer Reihe guter Bücher bekannt. Freytags ‚Ahnen‘ und ‚Soll und Haben‘ beschäftigten uns damals. Unterhaltend warf er Fragen und Erklärungen dazwischen, und es war bewundernswert, wie sehr die Kinder schon alles verstanden und klug auffaßten. Nie werde ich diese Abende vergessen. Wenn wir so zusammensaßen, sagte wohl Herr Baßermann: ‚Wie behaglich ist das‘. Behaglich war ein Lieblingswort von ihm.

Und welch tiefes Wissen barg dieser Mann in sich; da war kein Gebiet, das er nicht beherrscht hätte. Aber seine ganz besondere Liebe gehörte doch dem Dantestudium. Viele Jahre hatte er in Italien gelebt, Dantes Spuren überall aufgesucht und in einem meisterhaften Buch ‚Dantes Spuren in Italien‘ seine Erkenntnisse niedergelegt. Es war meine größte Freude, dass ich am ersten Weihnachten dieses Buch mit einer schönen Widmung aus der Hand des Verfassers erhielt, ein teures Andenken.

Man kann aber von Herrn Baßermann nicht sprechen, ohne seine Gattin ihm zur Seite zu stellen. Sie war die glückliche Ergänzung seines Wesens. Mit welcher Geduld und Selbtverleugnung trug sie ihr Leiden; immer suchte sie den sorgenden Blicken zu verbergen, wie gering ihre Kraft war. Stets war sie nur um andere besorgt. Mir brachte sie eine wahre Freundschaft entgegen. Ihren Kindern war sie die liebevollste Mutter, ohne sie im Geringsten zu verwöhnen oder zu verzärteln. Reine Herzensgüte sprach aus ihren Mienen, den leiblichen zarten Zügen. Auge und Stirn verrieten eine hohe Geistigkeit und einen edlen Sinn. Man hätte sie sich auf einem Fürstenthron denken können. Wie vielseitig war ihr Wissen, wie vornehm und gütig ihre Denkungsart. Wenn sie sich besser fühlte, war sie von einer natürlichen Heiterkeit. Saßen wir ein Stündchen zusammen bei einer Handarbeit, wenn die Kinder in der Schule waren, dann wußte sie sehr anregend von ihren manigfaltigen Reisen zu erzählen. Immer hatte sie ein liebes Wort bereit. Klar und fest gerichtet war ihr Sinn und ihre Weltanschauung. Sie lebte, was sie empfand, und dadurch wohl die große Wirkung. Sie mußte viel liegen auf der Veranda des Hauses. Da las sie deutsche und fremdsprachige Werke. Lebhaft und treffend äußerte sie sich dann gern über das Gelesene, und es war ein Gewinn, ihr zuzuhören. Wie oft sah ich durch die Scheiben zu ihr hin und sah mit Betrüben ihr sorgendes Gesicht. Ich ahnte, was sie bewegte, und tiefes Weh empfand ich. Trat man aber zu ihr, so zeigte sie ein freundliches Gesicht, so hielt sie sich in Zucht und wollte andere nicht belasten

Es machte ihre Freude, Manfred in Englisch und Klavier zu unterrichten. Auch Freya empfing noch die ersten Klavierstunden

Und wie lebte sie auf, wie ging es ihr besser, dass wir alle die schönsten Hoffnungen hegten. Da kam wohl ihr Bruder Alfred mit seiner Familie aus Freiburg. Dann weilte ihr Bruder Rudolf einige Zeit bei uns. Da wurde viel musiziert. Frau Baßermann spielte mit ihrem Bruder vierhändig, und es machte ihr viel Freude. Die Geschwister tauschten Erinnerungen aus, und dann wurde von den Kindern erzählt, kleine hübsche Erlebnisse mit ihnen und Vorzüge und Besonderheiten berichtet und sich darüber gefreut

Während des Besuchs dieser Verwandten holte Herr Baßermann auch einmal seine Gemmensammlung hervor. Ich war entzückt und begeistert von den herrlich geschnittenen kleinen Kunstwerken. Besonders eine anmutig geschnittene Tänzerin ist mir in lebhafter Erinnerung. Welch schöne Zeit.

Wie tief war die Liebe der Ehegatten, was bedeutete diese wunderbare Frau ihrem Mann! Andeutend sprach er einmal zu mir davon, daß er ihr unendlich viel zu verdanken habe. Rührend seine Sorge während ihrer Krankheit. Und sie selbst versuchte alles von ihm fernzuhalten, was ihn in seiner Arbeit stören könnte. Welch gute Beraterin war sie ihm bei seinen Arbeiten, wenn er um das richtige Wort, den richtigen Ausdruck sich mühte. Sie las die Korrekturbogen; alles und jedes wurde durchgesprochen

... Und nun zu den Kindern. Da war der 13-jährige Manfred. Hochbegabt mit feingeschnittenem Gesicht, klugen, lebhaften Augen, bescheiden und natürlich in seinem Wesen, heiter und manchmal schalkhaft. Und doch

Aquarell von Tochter Freya 13-jährig gemalt.

unterschied er sich von den anderen Jungen seines Alters. Er war fröhlich ohne zu lärmen, kein häßliches Wort kam über seine Lippen. In seiner Gegenwart nahmen sich auch die anderen Jungen zusammen und wagten nicht, gemein zu werden. ... Zu seinen Schwestern war er der liebvollste Bruder; wohl kam es zu harmlosen kleinen Neckereien, aber nie entstand ein Zank unter ihnen. Gab es etwas Gutes, so überließ er ohne Zögern den Hauptteil seinen jüngeren Schwestern. Immer war er bereit, ihnen zu helfen, mit ihnen zu spielen. Gern las er ihnen vor, und wenn er meinte, daß sie etwas nicht verständen, so wußte er es ihnen auf eine schöne Art zu erklären. ... Geistig überragte er seine Mitschüler weit; er versuchte sich auch schon an kleinen schriftstellerischen Arbeiten, die seinen Vater sehr erfreuten. ... Und was ich von Manfred sagte, ist auch für seine Schwestern gültig. Auch sie tragen das edle Blut in sich und waren sehr liebenswerte Geschöpfe. Da war unsere Freya, rundlich und mollig, mit ihren beiden langen dunkelblonden Zöpfen, den lieben blauen Augen und dem freundlichen Gesicht. Sie war ruhiger als die beiden anderen und sehr praktisch veranlagt. Nie konnte sie sein, ohne etwas zu arbeiten. So strickte sie schon mit 10 Jahren Söckchen für die 2 Jahre jüngere Schwester. Für die Puppen wurde allerlei gemacht. Sah sie eine Handarbeit, so versuchte sie sich darin mit viel Geschick. Im Haus wußte sie schon sehr gut zu helfen, und einmal in den Ferien ließ sie sich von mir im Kochen unterweisen. Sie war damals 11 Jahre alt. ... Auch Freya war eine gute Schülerin, und auch auf ihrem Nachttisch lagen immer Bücher wie auf allen anderen im Hause Baßermann. Aber das Praktische hielt damit die Waage. Später kam ihr das sehr zustatten.

„Sieh dich für", so heißt die Landschaft. Die Familie ging mit Zeichenblock im Gepäck wandern, skizzierte vor Ort, um dann zuhause die Bilder zu vollenden.

Manchmal geschah es bei den Schulaufgaben, daß sie ins Träumen geriet. Sie saß da, den Federhalter im Tintenfaß und träumte. Dann mußte ich mahnen: ‚Freya, vergiß deine Arbeiten nicht!'

Ihr Vater pflegte zu sagen: ‚elle est dans la lune.'[39] Sie ist wie meine Schwester, zu der die Erzieherin oft diesen Satz sagte. Wir lachten darüber, und unsre gute Freya nahm es nicht übel.

Cady, die jüngste war sehr zierlich und zart, und aus dem Gesicht leuchteten die großen sprechenden Augen. Sie hatte ganz die Stirnbildung ihres Vaters, aber auch mit ihrer Mutter viel Ähnlichkeit. Sie war weit über ihre Jahre begabt und kam nach drei Jahren Volksschule auf die höhere Schule. Wie schon gesagt, vergaß sie oft das Essen über dem Zuhören. Bücher waren ihr ein und alles, und es war erstaunlich, wie gut sie das Hauptsächliche des Gelesenen wiederzugeben wußte. Sie lebte sich ganz in die Gestalten des Buches hinein. So weinte sie beim Erzählen über das Unrecht, das eine deutsche Fürstin erfahren hatte. Geschichtliche Lektüre bevorzugte sie. Sie war wohl 9 Jahre alt, als sie durch einen Unfall eine Gehirnerschütterung davontrug. Als sie wieder lesen durfte, da verlangte sie nach der Geschichte der deutschen Kaiser. Dabei war sie aber sehr kindlich und natürlich, manchesmal ein kleiner Kobold und konnte sehr kurzweilig sein. Sehr gern sagte sie den Satz: ‚e kaputtene Tass' mit eme abene Henkel dran.' Einmal gab es zu Mittag Grießschnitten, die sie nicht sonderlich gern aß, da sagte sie unvermittelt: ‚Na, das weiß ich, die setze ich meinem Mann einmal bestimmt nicht vor'

Ich muß sie doch mal fragen, ob sie Wort gehalten hat.

Das waren die Kinder. Ist es verwunderlich, daß ich sie so lieb gewann, als wenn sie mein eigen wären? ...

Doch noch einmal zu dem Haus selbst. Es war sehr geräumig und lag sehr schön in einem großen Garten am Rand des Doniswaldes. Die großen Schwarzwaldtannen schauten in die Zimmer, und man hörte ihr Rauschen bis in den Schlaf hinein. Auf der anderen Seite des Hauses war Feld, und hinter dem Garten dehnten sich die Wiesen. Ein kleiner Weiher war nahe dabei. Von der Veranda aus auf der Vorderseite sah man die Landstraße, die nach Peterzell führte, und auch den dahinführenden Waldweg. Alle die von diesem Haus schieden, hielten noch einmal still an dieser Stelle, ein letztes Mal grüßend.

Mit besonderer Innigkeit denke ich an die Sonntage zurück, die einen besonderen Schimmer um sich woben. Die ganze Familie saß dann um den freundlich gedeckten Frühstückstisch, und es war eine äußerst gemütliche Stunde mit allerhand anregenden Gesprächen. Manchmal erzählte Herr

---

39   „Elle est dans la lune" – Sie ist in ihrer eigenen Gedankenwelt.

Bassermann vom Krieg; wie lauschten dann die Kinder. Oder es wurde vom früheren schönen Haus in Schwetzingen gesprochen, von Büchern, von Erinnerungen, von bedeutenden Menschen. Es war immer ein Gewinn.

Manchmal unternehmen dann der Vater und seine Kinder einen Spaziergang; da wurde wohl auch unterwegs gezeichnet. Ruine Waldau war sehr beliebt dazu, und ich staunte, welche Fertigkeit sie besaßen, wie richtig sie schon alles sahen.

An den Nachmittagen wurde gespielt, gemeinsam gelesen; ein richtig schöner Ruhetag.

Mancher liebe Gast kam auch ins Haus. Der leidenden Hausfrau wegen lebte die Familie ja sehr zurückgezogen. Und dann war Herrn Baßermanns Schwester, die würdige Exzellenz von Dusch[40], eine sehr liebe Dame. Sie war von ihrer unverheirateten Tochter begleitet. Herr und Frau Baßermann waren sehr erfreut über diesen Besuch, und es war nun bei den Mahlzeiten besonders schön durch die mannigfachen Gespräche. Herr Baßermann hatte damals gerade von Dante ‚Il Fiore‘ übersetzt und sprach viel über dieses Werk des Dichters. Es ging ein Streit darum: stammt es von Dante oder nicht. Herr Baßermann vertrat die erste Ansicht. In mancher Abendstunde wurde daraus vorgelesen, wenn die Kinder schon zur Ruhe waren.“

Am 9. Oktober 1927 starb Bassermanns Frau Hedwig. Dieser Schicksalsschlag war für ihn fast unerträglich, hatte er doch erst zwei Jahre zuvor seinen Sohn Manfred verloren.

Er vermisste Hedwig, und seine große Sehnsucht nach den glücklicheren Tagen wird in seinen Aufschreibungen immer wieder spürbar.

In einem Brief aus dem Jahre 1933 kann man lesen:
„... *Wie war es schön, solche Fragen* [es handelte sich um wissenschaftliche Dinge] *mit meiner Frau noch besprechen zu können, was hatte sie für eine Freude dran und ein Verständnis. Überall steht sie einem noch im Hintergrund als die tief verstehende, freudige Lebensgenossin.“*

Dann ist von Freya die Rede, von Mauren, wo sie nach Ablegung des Abiturs unter Leitung ihrer Cousine die Hauswirtschaft gründlich erlernen sollte. Aus einem Brief vom 13. Juni 1934 berichtet mir der Vater von den beiden: „*Cady ist in Karlsruhe tätig und Freya in Offenburg im Arbeitsdienst. Ich freue mich immer wieder, daß sie so nach ihren Wünschen ihren Platz gefunden haben, und der Gedanke gibt mir auch immer wieder eine rechte Erfrischung.“*[41]

---

40 Es handelt sich hier um Pauline, eine Schwester von Alfred.

41 Sammler, Helene: Meine Erinnerungen an Familie Alfred Bassermann, Oberachern 1944, Seite 3 – 29

Schloss Mauren, ein Anwesen
der Familie von Dusch.
Alexander von Dusch und
Pauline, Schwester von Alfred,
bewohnten dieses schöne
große Anwesen, mit einem
sehr großen zum Teil ange-
legten Garten. Dort befanden
sich Brunnen, eine Lindenal-
lee, Säulen, Vasen und Skulpturen sowie eine großzügige
Freitreppe, eine Terrasse und
eine dazugehörige Remise.
Hier fanden Familientreffen,
Familienfeiern, gesellschaftliche Einladungen und Feste
statt. Für die Kinder war es
ein Abenteuer hierherzukom-
men und die Erwachsenen
erfreuten sich an interessanten Gesprächen und den
kulturellen sowie familiären
Zusammenkünften.

Ein Auszug
aus dem Gästebuch.
„Hochzeitstag, Pfingstsonn-
tag, Hochzeitsgäste:
(Verwandte von Alfred Bas-
sermann)
C. Bassermann, Großmutter ...
... Fritz von Dusch.
K. Baumann
Anna von Dusch.
Emma Baumann ...
(Zeichnung von Otto Leiber.
Siehe auch Seite 165)
... Otto Leiber Karlsruhe,
Hofmaler ...
... Max Bassermann
(Konservenfabrikant) ..."

Die Bassermann'schen Anwesen in Mannheim, Schwetzingen und Königsfeld/Schwarzwald

Der Versuch, einen Menschen in seiner Ganzheit zu verstehen und sich seinen Gedanken zu nähern, erschließt sich nicht nur durch sein soziales Umfeld, sondern auch wenn man sich die Wohnungen und Häuser betrachtet, in denen er lebte und arbeitete.

Dies soll das vorliegende Kapitel leisten und greift beispielsweise auf die niedergeschriebenen Erinnerungen von Johanna Baumann, geborene Bassermann, und Veröffentlichungen in den Schwetzinger Lokalnachrichten von 1977 zurück.

Das Anwesen in Mannheim

Zu Beginn wird über das Haus der Familie Bassermann in Mannheim berichtet, welches zuerst vorwiegend als Wohnhaus und dann später auch als Geschäftshaus diente. Hier ist das Buch von Lothar Gall: Bürgertum in Deutschland, Berlin 1989, zu erwähnen, in dem überwiegend auf Dokumente aus dem Nachlass der Familien zurückgegriffen wurde.

Als Merian einen Kupferstich von Mannheim im Jahre 1620 entwarf, war kein Markt vor dem Rathaus zu sehen. Allerdings ist bekannt, dass vor dem Rathaus Markt abgehalten wurde, denn die Bauern brachten Neuigkeiten von jedem Markt mit und die Mannheimer erfuhren von den Bauern von dem Leben auf dem Land.

Auf dem Marktplatz war es das Hillesheim'sche Palais, das als Eckgebäude dreigeschossig in R1,1 stand. Kurfürst Karl Philipp wohnte darin in der Zeit von 1720 – 1731, bis der Mittelbau des Mannheimer Schlosses gebaut war, so dass das dreistöckige Haus R1,1 in den Besitz des Regierungspräsidenten Graf von Hillesheim übergehen konnte.

Ludwig Bassermann war ein vielseitiger Mann. Er war Eisenhändler, Kirchenältester, Ratsherr und einer der ersten Abgeordneten aus Mannheim im badischen Landtag. Er gehörte zu denjenigen Menschen, deren Geschäfte trotz Napoleons Erfolgen florierten und wohnte am Marktplatz in O 3,3.

„Das schönste Haus am Markt". Das Bassermann-Haus in Mannheim (Links vorne im Bild). (Reiss-Engelhorn-Museen, Mannheim, Graphische Sammlungen)

Sein Vetter Friedrich Bassermann, Kaufmann, Königlich Bayerischer Konsul, Ratsherr und Schwiegersohn des Mannheimer Oberbürgermeisters Johann Wilhelm Reinhardt, der am Marktplatz in F2,6 wohnte, kaufte im Juli 1828 das Haus R1,5 für 14000 Gulden, das Haus R1,6 für 28000 Gulden und schließlich das Haus R1,4 für 16000 Gulden. Nach dem Abriss dieser Häuser konnte er den Schüler von Friedrich Weinbrenner, Jakob Friedrich Dyckerhoff, dazu gewinnen, der dort einen Neubau errichtete, der dem Vorbild des Palais Hillesheim mit seinem imposanten Balkon im ersten Obergeschoss in Richtung Marktplatz entsprach.

Jacob Friedrich Dyckerhoff (1774 – 1845) war Hofarchitekt in Karlsruhe, bevor er sich als ‚Oberingenieur der unteren Neckarinspektion' in seiner Vaterstadt Mannheim niederließ. Er entwickelte für distinguierte bürgerliche Familien-Wohnhäuser eine kubische Bauform, die er in seinem eigenen Haus besonders schön verwirklichte. Seinem Freund Friedrich Bassermann zuliebe ließ er sich auf den französischen Stadtpalast- und Hotel-Stil ein, der im Bauwesen des 18. Jahrhunderts vorherrschend war und sich in der Kurfürstenzeit auch in Mannheim durchgesetzt hatte. Neben der Größe der Aufgabe reizte ihn die Umsetzung des besonderen Baustils. Er hatte sich im Laufe der Zeit entwickelt, um den Lebensbedürfnissen des Adels in einem behaglich-geräumigen und bürgerlichen

Wohn- und Geschäftshaus zu genügen. Friedrich Bassermann hätte sich unter den hübschen und geräumigen Adelspalästen in der Oberstadt den hübschesten und geräumigsten aussuchen können. Sie hatten sich seit dem Wegzug des Hofes und der Residenzverlegung geleert und wurden preiswert abgegeben. Es kam ihm aber darauf an, sich im Brennpunkt des Stadtlebens, beim Rathaus am Marktplatz, dem Hillesheim'schen Palais ebenbürtig, niederzulassen.

Friedrich Bassermann bekennt sich stolz zu dem Bassermann'schen Familienwahlspruch:

„Sei dein eigner Herr und Knecht.
Das ist des Mittelstandes Recht."

„Nachgeborene können sich im Hinblick auf das stattliche Bassermann-haus nur darüber wundern, wie sehr sich der Begriff des Mittelstandes seither gewandelt hat. ... Kein bürgerliches Haus konnte mit dem Bassermannhaus wetteifern. Die Unterschiede bestanden nicht etwa in einem verschwenderischen Prachtaufwand, sondern allein in den großzügigeren Maßen des Bassermannhauses. Seine Größe und seine Geschoßhöhen ließen Räume zu, die kein Bürgerhaus haben konnte. Großzügig waren die breiten und bequemen Treppen, die geräumigen Vorplätze und Gänge. Kraftvolles selbstbewusstes Bürgertum brachte sich mit diesem stattlichen Gebäude zur Geltung. Urahne, Ahne, Mutter und Kind konnten darin unter einem Dach leben. Das Bassermannhaus hatte Raum für die Alten, die sich von den Geschäften zurückziehen wollten, hatte Raum für die sich entfaltende Familie, ihre Kinder, für die jungen Paare und ihre Kinder.

Wenn Friedrich und Wilhelmine Bassermann auf dem Balkon ihres Hauses stehen, haben sie ,das freundliche Mannheim, das gleich und heiter gebaut ist vor Augen, das Goethe in ,Hermann und Dorothea' mit dem reichsstädtischen Frankfurt und Straßburg zu den Städten zählt, die ein junger Mann gesehen haben sollte.

Von den stattlichen Räumen des zweiten Stockes waren drei von Künstlerhand ausgemalt. Das eine im pompejanischen Stil, daher der Name ,Pompejaneum'. Das ,Schwanenzimmer' hatte seinen Namen von einer über blaugrauem Grund unter dem Sims hinlaufenden Rosenkette, die von Schwänen gehalten wurde. Der wohlproportionierte Saal mit drei großen Fenstern nach dem Marktplatz war mit Landschaften geschmückt. Neben dem Wasserfall von Allerheiligen und einer Partie aus den bayerischen Bergen sah man den Lago Maggiore mit Isola Bella und Figuren aus dem Roman ,Promessi sposi' von Manzoni. Empire-Mahagonimöbel, mit rotem und goldenem Seidendamast bezogen, steigerten den festlichen Gesamteindruck. Das Eßzimmer, Friedrich und Wilhelmine Bassermanns Lieblingsaufenthalt, ging auf die große Galerie nach dem Hof. Im dritten Stock waren mehrere Gästezimmer. Auch ein Raum mit Bühne für das Liebhabertheater-spiel befand sich im dritten Stock. Die beiden Seitenflügel enthielten Küche, Haushaltungsräume und Kammern; Sattelkammer, Eisenkammer, Apfel-, Wäsche-, Weißzeugkammer usw.

Im Erdgeschoß des linken Seitenbaues hatte der Hausherr Friedrich Bassermann, Königlich Bayerischer Konsul, sein Büro. Sein ältester Sohn, Friedrich Daniel, wohnte im Erdgeschoss links, rechts war das Büro seines Drogen-[42] und Materialwarengeschäfts. Den Hof schmückte eine kleine Gartenanlage um einen Fliederbaum. ..."[43]

Zu Beginn des 20. Jahrhunderts werden auf der dem Marktplatz zuge-wandten Seite Läden in dem Bassermannhaus eingerichtet. Im Jahr 1913 zieht die Bassermann-Familie aus dem Haus aus und in die Mannheimer Oststadt. So verliert das Gebäude seine Eigenschaft als Wohnhaus. Nach einem erneuten Umbau wird das Haus als Standort der „Neuen Mann-heimer Zeitung" ausgesucht und im Zweiten Weltkrieg leider zerstört.

Das Schwetzinger Anwesen

Im Jahr 1925 wurde Dr. Alfred Bassermann – ihm war inzwischen der Ehrendoktortitel der Philosophie verliehen worden – gebeten, über das

Ysenburg'sches Palais in Schwetzingen, Außenfassade, Foto von 1904.

---

42   Früher wurden Heilmittel als Drogen bezeichnen. Ursprünglich verstand man unter dem Wort ‚Drogen' „getrocknete Pflanzen o[der] deren Teile, die Ausgangsprodukte zur Gewinnung der Arzneistoffe o[der] zur Herstel-lung von Arzneizubereitungen sind". (vgl. Maxim Zetkin / Herbert Schal-dach: Lexikon der Medizin, 16. Aufl., Wiesbaden 1999)

43   Koch, Franz Wilhelm: R1, 4–6 – Ein Haus im Wandel der Zeit, Mannheim 1959, S. 12–14

Bassermann'sche Anwesen in Schwetzingen, Forsthausstraße 3 – 5 aufzuschreiben, was ihm einfiel.

„Das zwischen dem Eckhaus und dem Forstamt gelegene Gebäude Forsthausstraße 5 war damals noch staatlich und Sitz der Obereinnehmerei[44] und ging erst, als diese ins Innere der Stadt verlegt wurde, 1885 in den Besitz meiner inzwischen verwitweten Mutter Klementine Bassermann über. ... Die Höfe der beiden Haupthäuser, Nr. 4 und 5, ursprünglich geschieden und durch eine Reihe unerfreulicher Nebengebäude verbaut, wurden durch mich vor der Jahrhundertwende an freigelegt und der so gewonnene große Hof, nachdem er wegen des immer drohenden Leimbachhochwassers um etwa einen Meter aufgefüllt war, einheitlich angelegt. Der mächtige Nußbaum[45] ist damals erst gepflanzt worden und hat sich in dem Schutt der niedergelegten Nebengebäude überraschend entwickelt.

Ysenburg'sches Palais in Schwetzingen, Außenfassade und Innenhof; die Fotos stammen von 1989. (Archiv Wilhelm Rinkleff)

---

44   Heute spricht man in diesem Zusammenhang von Finanzamt.

45   Bewundernswerter Weise überlebte dieser Nussbaum zwei Weltkriege
      und zeigt seine Schönheit heute noch.

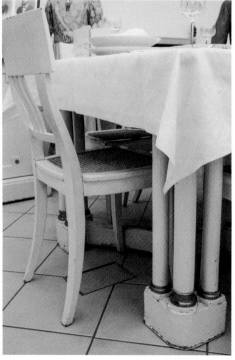

Von den Gebäuden ist das alte Eckhaus ohne Frage das wichtigste und wertvollste. Aeußerlich ein recht unscheinbarer einstöckiger Bau mit französischen Mansarden, zeigt es durch die Anordnung und den Schmuck der hauptsächlichen Innenräume, daß es zu einer Herrschaftswohnung der Kurpfälzer Sommerresidenz bestimmt war, und ... mit dem Schloß Karl Theodors zusammengedacht und ausgestaltet war. Namentlich die wundervollen Stuck-Ornamente an Decke und Kamin-Pfeiler in dem großen Zimmer ebener Erde rechts des Eingangs, ebenso eine Treppe hoch das langgestreckte Hauptzimmer, sodann daneben gelegen das kleinere Eckzimmer mit besonders reizvollen Ornamenten ... bekunden deutlich, daß diese Räume gleichzeitig mit den in ähnlichem Duktus stukkierten Schloßräumen entstanden sind.

Auf den früheren Zusammenhang mit dem Schloß weist auch die Ueberlieferung hin, daß ein verdeckter

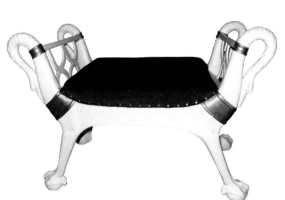

Gang vom Küchenbau des Schlosses durch den großen Speicher von Forsthausstraße Nr. 3 geführt, als gedeckter Bogen die Forsthausstraße überquert und in das vorgenannte Eckzimmer oder das Alkovenzimmer gemündet habe. ... Das Haus Forsthausstr. Nr. 3 stammt offenbar aus der gleichen Zeit wie Nr. 4.

Namentlich der niedere vorspringende Seitenbau mit dem halbachteckigen chorartigen Abschluß erzählt herzerquickend naiv von der alten Zeit. ... Jedenfalls war die Forsthausstraße ursprünglich kein öffentlicher Weg. Es gibt im Grundbuch noch einen Vermerk ... wonach die Straßenbrücke eine Privatbrücke war, ...

Der Bau der Obereinnehmerei soll, wie mir vor langer Zeit ein alter Gartenarbeiter erzählte, ursprünglich Gartenzwecken gedient haben, wie auch das ganze zugehörige Gartenland noch eine Art Baumschule gewesen sei mit ausgedehnten Bassinanlagen. Von letzteren findet man jetzt noch manchmal beim Umgraben unliebsame Mauerreste. Auch eine alte Schleuse an der Leimbach[46] und Reste eines zugehörigen Kanals quer

Das Foto vom Wohnzimmer entstand um 1900. Vermutlich haben Alfreds Eltern diese weißen Möbel, Tisch und Stühle, Sekretär und Schwanenstuhl sowie Ohrensessel im Empire-Stil mit matt und glänzendem Blattgold nachbauen lassen. Den Tisch konnte man mit sieben! Einlegeplatten „vergrößern". Die beiden Goldvasen auf dem Sekretär waren immer mit rosa Heidekraut gefüllt. Die „Madonna mit Kind" wurde vom Vater Gustav oder von Alfred aus einer ihrer vielen Reisen aus Italien mitgebracht.

---

46 Als Alfred Bassermann diesen Bericht schrieb, sagte man ‚die' und nicht wie heute ‚der' Leimbach.

Eigenhändig von Alfred Bassermann auf einem Karton vermerkt: „In Schwetzingen bei der Canalisierung vor dem Hause Forsthausstr. 3 zu underst der Brücke (Rückseite) 1M 50cm Boden gefunden. 1902."

durch den Garten fanden sich noch vor.[47] ... Das Innere der Obereinnehmerei hatte ich früher schon durch mehrfachen Umbau dem alten Eckhaus mehr angeglichen. Ein ähnlicher Mansardenstock war aufgesetzt worden. Von den vielen kleinen Zimmern des Erdgeschosses wurden mehrere geopfert und dadurch ein freundlicher Eingangsraum und eine große Halle gewonnen, die den wohnlichen Mittelpunkt des ganzen Hauses bildete."[48]

Auch der Schriftsteller August Koob hat in seinem Buch „Schwetzinger Geschichtsruhe" im Jahr 1977 unter anderem von dem Bassermann'schen Haus in der Nähe des Schlosses Schwetzingen berichtet:

„Im Jahr 1865 wurde das einstige Palais des Fürsten von Ysenburg in Schwetzingen durch den Besitzer Jakob Hirsch an Alfred Bassermanns Vater, Gustav Bassermann, der mit seiner Familie zu der Zeit noch in Mannheim wohnte, verkauft.

Ursprünglich gab es eine Verbindung von der heutigen Forsthausstraße 4 zum Schloss in Schwetzingen, denn es gab das Haus bereits seit dem 18. Jahrhundert und man vermutet, dass der Fürst von Ysenburg in der Regierungszeit Karl Philipps den Architekten Rabaliatti als Erbauer des schönen Hauses beauftragt hatte.

Früher hieß das Haus ‚Kavaliersbau' und dem Gerücht nach soll es vom Schloss einen unterirdischen Gang gegeben haben. Es gibt Gerüchte, dass ein verdeckter Gang vom Küchenbau des Schlosses durch den Speicher des Hauses in der Forsthausstraße 3 in das Alkovenzimmer oder in das Eckzimmer des Bassermannhauses gegangen sei.

Dass dieser Gang, der dann als gedeckter Bogen die Forsthausstraße überquert hat, wirklich existierte, wurde immer wieder von Einwohnern erzählt. Der Grund, warum diese Brücke beseitigt wurde, liegt in der Tatsache, dass Heuwagen, die hochbeladen waren, durch die niedrige Einfahrt kaum durchkamen.

Damals bestand die Wohnung wohl aus sechs Zimmern, einem Saal, mehreren Küchen und drei Zimmern für Bedienstete sowie zehn Zimmer und zwei Kammern im oberen Stock."

---

47 Beim Ausgraben wurde ein Amulett gefunden, welches noch im Besitz der Erben ist.

48 Mannheimer Geschichtsblätter, Jahrgang 1925, S. 148 – 150

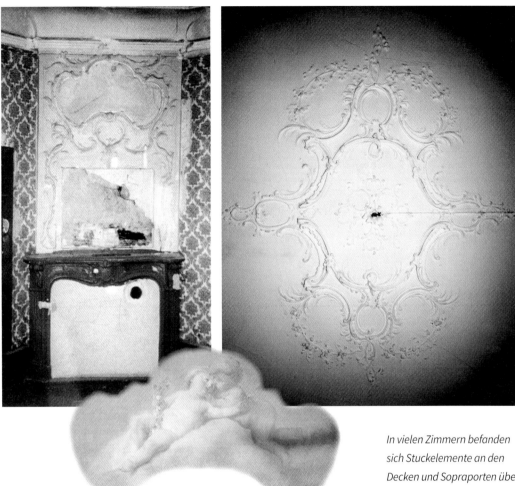

In vielen Zimmern befanden sich Stuckelemente an den Decken und Sopraporten über den Türen.
Über dem Kamin gab es eine „Amorette" mit zwei Putten (kleine geflügelte, nackte Knaben als Begleiter des römischen Liebesgottes Amor). (Archiv Wilhelm Rinkleff)

Im Speicher selbst befanden sich unter anderem die „Zwetschgenbilder". So mancher wird dabei an Stillleben von Zwetschgen oder an Gemälde von der Zwetschgenernte denken. Doch weit gefehlt.

Es ist unschwer zu erraten, an was der Leser denkt, wenn er das Wort „Zwetschgenbilder" liest.

In seiner Vorstellung tauchen sicher Bilder von der Zwetschgenernte oder von Stillleben auf, mehr oder weniger abstrakt, aber dennoch mit Zwetschgen, in welcher Form auch immer.

Um das Geheimnis der Zwetschgenbilder zu lüften, muss man ein wenig in die gesellschaftlichen Gepflogenheiten des Großbürgertums eintauchen. Es gab in allen wohlsituierten Familien große Ölgemälde mit den Konterfeis der Ahnen, die hoheitsvoll und beeindruckend auf die nachfolgenden Generationen herabblickten, und die man stolz präsentierte.

Solche Ahnenbilder gab es auch im Hause Bassermann. Aber hier blickten die Ahnen nicht ehrfurchtgebietend von der Wand herab, sondern sie waren schlichtweg auf dem Dachboden verstaut und wurden „Zwetschgenbilder" genannt.

Wodurch sich diese Bilder von den „normalen" Ahnenbildern unterschieden, war ihr Name: „Zwetschgenbilder". Betrachter der Bilder, die ihr Geheimnis nicht kannten, suchten auf ihnen lange und vergebens nach Zwetschgen. Sie waren nirgendwo zu finden.

Nun die Auflösung des Rätsels:

Ganz profan holte man die Bilder im Herbst vom Dachboden herunter und legte auf ihrer Rückseite die Zwetschgen zum Dörren aus.

Ein Zimmerbrunnen aus Marmor.
(Archiv Wilhelm Rinkleff)

Unter den Bewohnern des riesigen Anwesens befand sich auch ein Laubfrosch! *„Ein Laubfrosch war in unserem Hallenbrunnen[49] heimisch geworden und kletterte zutraulich darin herum. Als eines Sonntagabends in froher Gesellschaft musiziert wurde, fing bei einem schmelzenden Violin-solo der Frosch sachte zu quaken an. Als allgemeines Lachen einsetzte verstummte er gekränkt. Wie aber die Violine ihr Spiel wieder aufnahm, stimmte der Frosch wieder ein."*

Ein besonderer Blickfang war eine Marienfigur, die eine Fassade im ersten Obergeschoss schmückte. Außerdem gab es Stallungen für achtzehn Pferde und einen Heuboden.

Das riesige Anwesen hatte nicht nur Geheimnisse, sondern war auch mit vielen symbolhaften Erinnerungen verbunden. So kann man lesen über die Geschichte des Kastanienbaums:

Der Kastanienbaum

„Als meine Schwester Mina[50] heiratete, pflanzte ich[51] in unserem Schwetzinger Garten einen schönen kräftigen Kastanienbaum, etwa 1,5 mtr. hoch an die vordere

---

49 in Schwetzingen

50 Wilhelmine (1852 – 1882), ∞ Karl Baumann, Schwester von Alfred Bassermann

51 Der beeindruckende Kastanienbaum wurde 1865 von Alfred Bassermann gepflanzt. Er entwickelte sich überraschend schnell im Schutt der zu dieser Zeit verfallenen Nebengebäude.

Ecke des Platzes. Wenige Tage darauf war der Stamm mitten durchgebrochen. Er war von mir als Symbol ihrer Ehe gedacht gewesen. Der Zufall weckte ein tief unheimliches Gefühl, das bei Minas Tod wieder stark auflebte.

Für Manfred[52] *hatte ich einen Lebensbaum*[53] *auf die Mitte des Reitplatzes gesetzt, wo er unter Manfreds Pflege, solang wir in Schwetzingen waren, gut gedieh. Im Drang des Umzugs wurde er zurückgelassen und ich dachte seitdem oft mit Unbehagen an dessen Schicksal."*

Waschküche; auf den Stufen sitzen Freya und Cady.

Nach dem Tod des Fürsten von Ysenburg besaß der Oberjägermeister Graf von Waldkirch das Haus und bewohnte es mit dem Gärtner des Hofes. Während der Graf den Winter in Mannheim verbrachte, verwaltete der Diener Klett das Haus und die Pferde.

Nachdem Gustav Bassermann das Haus erworben hatte (siehe oben) erwarb dessen Witwe nach seinem Tod das Haus Forsthausstraße 6, den vormaligen Sitz der Großherzoglichen Obereinnehmerei. Danach gab es eine Baumaßnahme, bei der die beiden Höfe umgestaltet und die Waschküche zu einer toskanischen Säulenhalle neu errichtet wurde, wobei dieser Umbau durch den Baurat Fritz Seitz aus Heidelberg durchgeführt wurde. Es wurde ein neues Gebäude für den Stall angebaut, an der Fassade des Hofes wurden Balkone angebracht und im Garten wurden ein Tennisplatz und eine Kegelbahn errichtet.

---

52   Manfred (1911 – 1925), Sohn aus der Ehe mit Hedwig (1880 – 1927)

53   Der Lebensbaum, die Thuja, symbolisiert die kosmische Ordnung. Da er tief in der Erde wurzelt und seine Äste weit in den Himmel reichen, steht er für die Einheit der drei Ebenen Himmel, Erde und Unterwelt.

Sitzend v.l.n.r.: Alfreds Schwester Pauline, seine Mutter Clementine und seine 1. Ehefrau Marie, umrahmt von „Tennisspielern".

Alfred Bassermann erwähnt noch zwei eng aneinander stehende Bäume an der Grenze des Gartens der Forsthausstraße 4, die aus zwei etwa ein Meter langen Gerten gewachsen waren.

Nachdem das Anwesen Alfred Bassermann gehörte, baute dieser das Haus der Obereinnehmerei um und seinem Haus an. Auch innen wurde umgebaut, und es entstand ein mächtiger Eingang und ein großer Saal. Bei diesem Umbau wurde übrigens ein römischer Goldring mit einem Karneol gefunden. Der Ring lag bei seiner Entdeckung etwa zwei Meter in der Tiefe.

Auf dem römischen Ring ist der flügelschmiedende Daedalus abgebildet.

Mit dem Beginn des Ersten Weltkriegs und dem folgenden Zusammenbruch von Deutschland und der galoppierenden Inflation, war dem Märchen der wunderschönen Häuser sehr schnell der Atem ausgegangen.

Alfred Bassermann hatte bei der Verwaltung in Schwetzingen darauf hingearbeitet, dass die besondere Art der drei Häuser weiterhin bestehen bleiben sollte. Allerdings gab es damals bereits Pläne, im Garten der Häuser ein Krankenhaus zu errichten, was aber nicht durchgeführt worden ist, denn auch heute kann man zu den Häusern laufen, sie von außen betrachten und begeistert sein.

Beim Umbau des Hauses in den 1990er Jahren wurde dieses Holzpferdchen unter einer Treppe hinter Tapeten entdeckt!
Dieses „muss" da wohl rund 66 Jahre verbracht haben, denn die Familie ist mit den Kindern, Manfred (11), Freya (8) und Cady (6) 1922 von dort nach Königsfeld gezogen, und so wurde wohl das Holzpferdchen „vergessen".

Alfred Bassermann war immer wieder vom Schwetzinger Schlossgarten begeistert. Er schrieb ein Gedicht:

Motiv aus dem Schwetzinger Schloßgarten
An einem altersgrauen Buchenstamme,
Der tief ins Mark getroffen war vom Blitze,
Erblüht ein Veilchenbusch in jener Ritze,
Die sich gefurcht des Himmels Donnerflamme

Die Veilchen wuchern froh auf hohem Sitze;
Sie saugen Nahrung aus dem morschen Schramme,
Indes der Baum von Fäulnis und vom Schwamme
Zerfressen wird; schon ragt verdorrt die Spitze.

Hirschgruppe von Peter Anton Verschaffelt, 1767, und eine Gruppe von Bacchantenputten mit einem Ziegenbock von Konrad Linck, 1775. (Stadtarchiv Schwetzingen, Fotografie um 1870)

Das Anwesen in Königsfeld

Im Sommer 1921 verkaufte Alfred Bassermann seiner kränklichen Frau zuliebe das Haus in Schwetzingen, weil die Familie nach Königsfeld in den Schwarzwald ziehen wollte.

1921/22 ließ Alfred Bassermann von dem Architekten Prof. Wilhelm Weigel aus Stuttgart in Königsfeld die Villa Bassermann bauen, der auch ein Haus für Albert Schweitzer in Königsfeld gebaut hatte. Im gleichen Jahr zog Alfred Bassermann mit seinen Kindern dorthin. Er nahm auch einen Teil seiner Bediensteten mit, wie zum Beispiel die beiden Kindermädchen Rosa und Berta.

Es war ein Villengebäude, welches in der Ecklage des Bodelschwinghwegs und der Buchenberger Straße lag und mit weißen Holzschindeln verkleidet worden war. Ein offener breiter Eingang ist im Erdgeschoss die Vorderfront, und hohe Fenster mit Klappläden aus Holz bestimmen das Gebäude. Das Obergeschoss hatte einen leichten Vorstoß und ganz oben, unter einem Walmdach mit Dachgauben und Dachhäuschen, gab es zwei Dachgeschossebenen.

Dieses Anwesen ist ein wichtiger Punkt für die Zeit zwischen den beiden Weltkriegen, in denen sich finanziell gut betuchte Personen in dem Kurort ansiedelten. Heute ist das Gebäude ein Kulturdenkmal gemäß § 2 DSchG, nachdem es von dem Vormund der Töchter Freya und Catharina (Cady) an den Evangelischen Diakonissenverband Westfalen als „Marie-Heuser-Heim", verkauft wurde.

Das schöne alte Haus existiert heute noch in seiner ursprünglichen Form und steht unter Denkmalsschutz. Dennoch hat es in den 100 Jahren sehr gelitten, und es ist zu hoffen, dass seine ganze Schönheit durch eine sorgfältige Renovierung wieder zur Geltung gebracht werden wird.

*Der heutige Zustand
der Bassermann-Villa
in Königsfeld.
(Landesamt für Denkmalpflege im Regierungspräsidium
Stuttgart, Bernd Hausner)*

Alfred Bassermann und Dante[54]

„Dass sich ein Wissenschaftler für ein Forschungsgebiet so wie Alfred Bas-sermann begeistern kann, ist keine Seltenheit. Meist findet sich in seiner Vita ein initiativer Anstoß für das spezielle Interesse, das auf Außenste-hende fast wie eine Besessenheit wirkt."

Auch bei Alfred Bassermann gab es solch einen Moment, den er in der nachfolgend zitierten Abhandlung beschreibt. Darin wird deutlich, wie früh er die Leidenschaft für Dante entwickelt hat.

Wie ich zu Dante kam

„Mitte der sechziger Jahre war's – ich war also im Alter[55], wo Dante zum ersten Mal seine Beatrice erblickte – da saß ich im Schreibzimmer meines Vaters ... wo ich meine Hausaufgaben machen durfte. Er hatte Dante vor-genommen und las, wie er es zu thun pflegte, laut für sich, ohne dass ich mich bei der Arbeit stören ließ. Dann machte er mich aufmerksam und las mir die Höllen-Inschrift vor. Ich verstand natürlich nichts, freute mich aber an dem vollen Klang der Reime. Mein Vater las gut Italienisch. ‚Wie heißt's auf Deutsch?', fragte ich. Als der Vater eine deutsche Übersetzung vorliest und betont, dass man Dantes Werk eigentlich nicht gereimt ins Deutsche übersetzen kann, erwidert Alfred Bassermann: ‚Es muß aber doch gereimt sein. Da strich er mir lachend über den Kopf. Da mußt du es eben selbst einmal versuchen. Damit war die Sache erledigt und kam nicht mehr zur Sprache. Mein Vater starb für mich viel zu früh[56] und meine Entwicklung lenkte in die spießbürgerlichen Bahnen.'"

Aus diesem „spießbürgerlichen Rahmen" ist Alfred Bassermann später nach einem Urlaub in Italien kompromisslos ausgestiegen, indem er seine Arbeitsstelle kündigte: *„An einem leuchtenden Frühlingstag des Jahres 1886 schrieb ich einen lapidaren Absagebrief an das Amt.*

„Italien hatte es mir angethan, Italien wollte ich bezwingen, mir zu eigen machen. Aber auf Schritt und Tritt empfand ich, daß mir zu diesem Unterneh-

---

54   1892 Übersetzung der ‚Hölle' vom Italienischen ins Deutsche

 1897 Verfassen des Werks: „Dantes Spuren in Italien"

 1909 Übersetzung: ‚Fegeberg'

 1921 Übersetzung: ‚Paradies'

 1926 Übersetzung: ‚Die Blume'(‚Il Fiore', eine erzählende allegorische Dichtung in 232 Sonetten)

55   Alfred Bassermann war zu der Zeit etwa 10 Jahre alt.

56   Alfred Bassermann war beim Tod seines Vaters 21 Jahr alt.

„REISE-PASS:

welcher nach dem In und
Ausland;

reist. Schwetzingen,
den 16ten Dezember 1911
Großh. Bad. Bezirksamt:
Personenbeschreibung des
Inhabers.

Alter: 9. II. 56 geboren.

Statur: kräftig

Haare: meliert

Augen: braun

Gesichtsform: oval

Besondere Kennzeichen:

Narbe am Kinn ...

men die Grundlagen und das Handwerkszeug noch so gut wie ganz fehlten. Ich ging entschlossen an die Arbeit ... [und] gelangte mit Nothwendigkeit zu Dante.“ Von Dante ist Alfred Bassermann so fasziniert, dass er ihn als *„das machtvolle Rückgrat des italienischen Mittelalters“* beschreibt, *„in dem alle geistigen Kräfte des Mittelalters zusammenflossen und ihre letzte Deutung fanden.“* So rückte Dante immer mehr in den Mittelpunkt von Alfred Bassermanns Denken und Interesse. Um sich Dante *„völlig zu eigen machen“* zu können, beginnt er damit, Dantes Schriften zu übersetzen. Auch die Reaktionen in seinem Umfeld waren sehr positiv. Er schreibt: *„Ich fand bei engen Freunden ungetheilten Beifall, sodaß ich Mut bekam auf das Ganze zu gehen und nun beim Ersten Gesang anfing.“*

Im Herbst 1892 brach Alfred Bassermann wieder zu einer Italienreise auf. Er will tiefergehende Forschungen anstellen und sich mit Handschriften in den wichtigen Bibliotheken befassen: *„Ein erster Einblick in die Schätze der dortigen Bibliotheken ließ mich erkennen, daß ich noch erst mein Fundament besser zu festigen hatte, ehe ich zu bauen anfangen konnte.“*

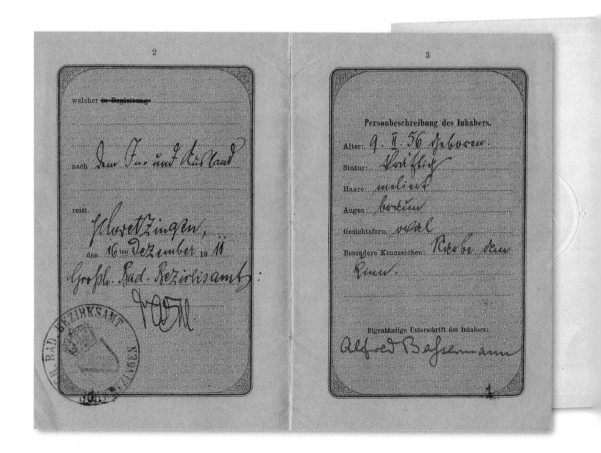

Nachdem der 31-jährige Alfred Bassermann im Jahr 1887 die Danteübersetzung von Philateles zu Weihnachten geschenkt bekommen hatte,
war er sehr enttäuscht, da es dort an Reimen fehlte.

Nach vierwöchigem Studium einschlägiger Bücher und dem Erstellen
von Übersichten reiste Alfred Bassermann weiter über Neapel nach Monte
Cassino. Hier zeigte ihm sein Gastfreund, der Benediktinerpater P.D Am-
brosio Amelli alle Sehenswürdigkeiten, aber es drängte ihn nach Rom, um
sein Werk dort mit allen Konsequenzen zu beginnen.

In Rom fand er eine behagliche Unterkunft, und er beschreibt, wie
glücklich er ist und wie sich ihm alle Lebensquellen erschließen. *„Die Stadt
war mir vertraut von meinem früheren Aufenthalt. So konnte ich gleich auf
mein Ziel losgehen und das Erste war, mir die nöthigen Permessi*[57] *zu ver-
schaffen, um in den Sammlungen und Bibliotheken ungehinderten Zutritt
zu erhalten."* Der Behördengang war anfangs nicht ohne Probleme. In der
deutschen Botschaft hatte er anfangs Schwierigkeiten, seine Identität zu
beweisen. Aber in einem italienischen Ministerium wurde er freundlich
empfangen. Nachdem er sein Anliegen

*... gültig bis zum 15ten De-
zember 1916
für Herrn
Dr. Alfred Bassermann
Privatier
aus Schwetzingen
Visto al Consolato Reale d'
Italia in Mannheim. Buono
per recarsi negli Stati di sua
maesto!
(Visum beim Königlichen
Konsulat von Italien in
Mannheim. Gut, um in die
Staaten seiner Majestät zu
reisen!)
Mannheim di 18 Dicembre
1911. ..."*

*Dante Alighieri
(Geboren im Mai oder Juni
1265 in Florenz und gestor-
ben am 14. September 1321
in Ravenna)
Italienischer Dichter und
Philosoph. Er schrieb
„Die göttliche Komödie".
Private Fotokopie.
Das Original befindet sich
in Florenz in der Biblioteca
Riccardiana.*

schriftlich eingereicht hatte, erhielt er einen „Generalpermeß"[58], der ihm in allen Städten des Königreichs Zugang in die Bibliotheken und Sammlungen verschaffte – selbst in die Räume des Vatikans.

Eine ganz besondere Bedeutung hat Dantes „Divina Commedia – die Göttliche Komödie" – für Alfred Bassermann. Dies mag folgende Gründe haben: Dantes „Divina Commedia" gehörte damals (und auch heute noch) zu den wichtigsten literarischen Werken Italiens. Dantes Werk hatte auf die Entwicklung der italienischen Sprache einen unvorstellbaren Einfluss: es war der Anstoß dafür, dass sich in Italien eine Schriftsprache entwickeln konnte. Im deutschen Sprachraum hatte Luthers Bibelübersetzung eine vergleichbare Wirkung. Beide Werke gaben den Anstoß dafür, dass sich eine Hochsprache entwickeln konnte.

Aber für Alfred Bassermann war sicher nicht nur das Interesse an der Entwicklung der italienischen Schriftsprache die Herausforderung, sich so intensiv mit der Danteforschung zu befassen. So ging er auf die herrschenden Moralvorstellungen ein und versuchte Brücken zur Antike und zu früheren literarischen Werken zu schlagen. Es war ihm auch wichtig herauszufinden, welche Rolle die Natur und die Orte haben, die in der „Divina Commedia" beschrieben werden, weshalb er sich auf eine lange Italienreise machte, auf die im folgenden Kapitel eingegangen wird.

Die „Divina Commedia" entstand etwa um 1307 und wurde bis zum Jahr 1321 niedergeschrieben. Insgesamt über 14.000 Verse umfasst die „Göttliche Komödie" und ist in drei Bücher – Hölle, Läuterungsberg[59] und Paradies – mit 100 Gesängen eingeteilt. Dante selbst hat seine Schöpfung als Gedicht bezeichnet, allerdings stammt der Begriff der „Divina" nicht von ihm, sondern von Boccaccio, der damit die Inspiration und die dichterische Qualität bezeichnen wollte.

Dantes Werk weist eine Verbindung zu Vergil mit seinem Drama „Aeneis" auf und beinhaltet Einzelheiten des politischen Lebens seiner Zeit.

---

58   Generalerlaubnis
59   Läuterungsberg = Fegefeuer

Ebenso war Alfred Bassermann von Dantes Genialität begeistert. Dantes Vergleich in den Versen am Ende seines Werks, in denen er das mathematische Problem des Kreisbogens und dessen Dreiteilung mit der Dreieinigkeit Gottes vergleicht, fesselten ihn. Nachfolgendes Gedicht von Alfred Bassermann macht deutlich, wie eng verbunden er sich mit Dante fühlte:

Dante

Wohl schreckt er Dich in seiner herben Strenge
Er, dem kein Lächeln je den Mund umflossen,
Der mit den Eisenzügen stolz verdrossen
Herniederblickt auf das Gefühl der Menge.
Der mit dem ahnend klaren Blick erschlossen,
Der sünd'gen Seele tiefgeheimsten Gänge
Und dann in hundert ehernen Gesängen
Des jüngsten Tages Richterspruch gegossen.
Doch nah Dich ihm nur einmal mit Vertrauen,
Des Bannes Starrheit wird sich Dir entsiegeln;
Versuch's ihm fest in's Rätselaug zu schauen
Du siehst darin des Weltalls Schönheit spiegeln
Und durch des ganzen Riesengeist's Getriebe
Als Schwungkraft wirken tod-verklärte Liebe.[60]

„Hölle", das erste Kapitel der Göttlichen Komödie von Dante Alighieri, in der Übersetzung von Alfred Bassermann. (Heidelberg, Carl Winter's Universitätsbuchhandlung 1892)

Er machte sich daher daran, Dante in Reimen zu übersetzen, was bei seinen Freunden gut ankam.

Er sagte dazu: *„Es ging mir über Erwarten gut von der Hand; ich machte weiter und bald war der ganze dritte Gesang* [der Hölle] *bezwungen, ..., so daß ich Mut bekam, auf das Ganze zu gehen, und nun beim ersten Gesang anfing und stetig weitermachte. ... Schon bei der Abfassung des Kommentars zum Inferno hatte sich mir bei den Stellen, deren Schwierigkeit in örtlichen Anspielungen liegt und denen die Erklärer offenbar ohne eigene Anschauung hilflos gegenüberstanden, der Gedanke und der Wunsch geregt, mir an Ort und Stelle Aufschluss zu holen ..."*

Im Jahr 1897 schrieb Alfred Bassermann das folgende Gedicht, in welchem er Dantes Gefühle untersucht:

---

60 Hellwig, Hellmuth: Manuskript zum 100. Geburtstag von Alfred Bassermann, 1956.

Auch die beiden anderen Kapitel der Göttlichen Komödie „Fegeberg" und „Paradies" von Dante Alighieri sind von Alfred Bassermann ins Deutsche übersetzt worden und als Einzelexemplare erschienen. (Fegeberg 1909 und Paradies 1921 beide bei „Druck und Verlag R. Oldenburg, München und Berlin".

Glück

Des Glückes Wesen soll Dir einer künden?
Du forderst kühn. Das ist nicht leicht zu ergründen
Du fändest auf der Erde noch nicht zwei,
Die darin einig sind, was Glück wohl sei.
Der spricht von Glück und sieht im schatt'gen Laube
In Saft und Süße winken Frucht an Frucht,
Von Glück spricht jener, wenn im sonn'gen Staube
Des Wegs er Korn um Korn des Goldes sucht.
Der pflückt auf seinem kleinen Eigentume
Glücksel'gen Sinnes einen bunten Strauß,
Und der zieht nach der blauen Wunderblume,
Der einz'gen, in die weite Welt hinaus.
Mir träumte einst, in weihevollen Stunden,
Hab' sich der Schönheit Rätsel mir enthüllt,
Und in dem Arme hab' ich Kraft gefunden
Zum Bild zu formen, das was mich erfüllt.
Und auf dem Werke meiner Seele ruhte
Stolz und verstehend eines Weibes Blick,
Und Schwungkraft gab ihr Lob dem Schöpfermute
Zu neuem Werk. Das war mein Traum vom Glück.

Über sein Buch aus der Wanderzeit in Italien „Dantes Spuren in Italien" schrieb Alfred Bassermann, dass er die Gunst der Verleger zu erwerben, nie gelernt hatte, weshalb alles von ihm im Selbstverlag erscheinen musste. Trotzdem war sein Werk im Kreis der Dante-Forscher anerkannt, was in der Beurteilung von Prof. Dr. August Vezin[61] 1956 zum Ausdruck kommt: „*Aber seine Spuren Dantes gehören hüben wie drüben und überall, wo man dem Leben und Schaffen des altissimo poeta nachgeht, auch heute noch zur unentbehrlichen Wegweisung und werden immer unentbehrlich bleiben, da sie unüberholbar und unersetzlich sind.*"[62]

Sein Buch „Dantes Spuren in Italien", 330 Seiten, Wanderungen und Untersuchungen von Alfred Bassermann. Mit einer Karte von Italien und 66 Bildertafeln. Erschienen in Heidelberg, Carl Winter's Universitätsbuchhandlung, 1897.

61 Dr. phil August Vezin, 19. Januar 1879 – 24. Juni 1963, studierte Philosophie, Germanistik, Geschichte und Kunstgeschichte. Seit seiner 1926 erschienenen Übersetzung (Terzinen mit fast durchgehend weiblichen Reimen) der Göttlichen Komödie mit Erläuterungen und einer zweiten zweisprachigen Ausgabe 1956 galt er als anerkannter Dante-Forscher.

62 Vezin, August: Alfred Bassermann. In: Mitteilungsblatt der Deutschen Dantegesellschaft e. V. 1956.

Wie wichtig die „Göttliche Komödie" für die Wissenschaft ist, erkennt man an der großen Anzahl von Übersetzungen. Bis zum Jahr 2015 wurde sie 52-mal vom Italienischen ins Deutsche übersetzt[63]. Alfred Bassermanns Übersetzung war die 25.

Aufgrund seiner Studien beschäftigte sich Alfred Bassermann intensiv mit der sogenannten Veltro-Frage[64] und machte sich Gedanken über die unterschiedlichen Deutungen.

Bei der Übersetzung des ersten Teils der Göttlichen Komödie – der „Hölle" – vertrat Bassermann die Meinung, dass ein sicheres Sprachgefühl notwendig sei, um eine dem Original entsprechende gute Form zu finden, da die Sprache bei Dante stets eine wichtige Rolle spielte.

Um die Treue der Form zu wahren, behält Alfred Bassermann stringent die Form der Terzinen bei. Um den Gedankengang des Originals zu retten, wechselt er zwischen männlichen und weiblichen Reimen. Durch den Verzicht auf den reinen Reim schafft er sich die nötige Bewegungsfreiheit, wenngleich es ihm im Laufe der Arbeit gelingt, den unreinen Reim immer mehr zu vermeiden. Alfred Bassermann war sich bei der Übersetzung aller drei Teile der Göttlichen Komödie bewusst, dass durch die Aufgabe des reinen Reims zwar die äußere Wirkung verloren ging, aber er wollte es vermeiden, dass durch eine allzu starre Buchstabentreue und die Reimarmut der deutschen Sprache der Sinn des Originals verwischt würde. So gelang es Alfred Bassermann den Eindruck des Ursprünglichen, die Glut des Urbilds und durch seine klare Übersetzung den Gedankengang der italienischen Vorlage zu bewahren. Er ging bewusst der Herbheit der dantesken Sprache nicht aus dem Weg. Er schaffte eine Nachschöpfung voll dichterischem Schwung und bezaubernder Schönheit.

Bassermanns Übertragung ins Deutsche wird heute noch in wissenschaftlichen Kreisen als eine der gelehrtesten und brauchbarsten aller Übersetzungen angesehen. Man hat diese Übersetzungsweise zuweilen kleinlichen Philologismus genannt, der am Wort hänge und den Genuss störe. Aber ohne die Einzelkenntnis der dantesken Wissenssumme könnte man das Werk nicht verstehen, und ohne dieses entsagungsvolle Sichvertiefen wäre das Verständnis Dantes unmöglich. Alfred Bassermann hat diesem Dienst an Dante in strenger Selbstzucht und mit starkem Verantwortungsgefühl sein ganzes Leben gewidmet.

---

63   siehe Übersicht der Deutschen Dante-Gesellschaft

64   Das Wort „Veltro" wurde im 19. Jahrhundert nicht mehr verwendet. Es kann zwei unterschiedliche Bedeutungen haben. Im politischen Sinn bezeichnet der Veltro den Kaiser, der noch nicht angekommen ist. Im religiösen Sinne bezieht es sich auf einen neuen Papst oder die Wiederkunft Christi, um den Antichristen in der Apokalypse zu besiegen.

Seinen Gefühlen bei der Danteübersetzung gab Bassermann mit folgendem Gedicht Ausdruck:

Dante – Übersetzung

Wie schön, wenn dem Terzinen–Strome
Sich willig fügt der deutsche Laut
Und an dem hehren Lieder – Dome
Sich Stroph' um Strophe weiterbaut.
Mit seinen klangesfrohen Ranken,
Führt stetig weiter uns der Reim,
Und in das Wogen der Gedanken
Senkt ahnend er den Zauberkeim.
Und was des Genius heilig Ringen
Geschaffen hat in Qual und Lust,
Fühlst Du erschauernd neu entspringen,
Fremd und vertraut, der eignen Brust.[65]

Am 1. Juli des Jahres 1897 erhielt Alfred Bassermann für seine herausragenden Forschungsarbeiten zu Dantes Werk die Ehrenurkunde der Universität Heidelberg, in welcher er zum Ehrendoktor der Philosophie ernannt wurde.

Zum 70. Geburtstag Alfred Bassermanns am 9. Februar 1926 wurde in der Presse noch einmal herausgestellt, dass der Gelehrte sich von Jugend an mit Dante beschäftigt hatte. Neben der Übersetzung der Göttlichen Komödie sind es viele kleine Schriften von Alfred Bassermann, die den einzelnen Fragen der Dante-Forschung gewidmet sind.

Ehrendoktorurkunde der Universität
Heidelberg für Alfred Bassermann.

65   Handschriftlicher Nachlass von Freya Halbaur, geb. Bassermann; in: Hellwig, Hellmuth: Alfred Bassermann, Mannheim 1956

Alfred Bassermann in seinem Arbeitszimmer in Königsfeld.

Reisen nach Italien

In vielen wohlhabenden Familien in Deutschland, aber auch in Frankreich und England, gehörte es im 18. und 19. Jahrhundert dazu, die traditionelle Erziehung durch private Hauslehrer mit einer Italienreise zu ergänzen. Diese Bildungsreisen, die auch als Grand Tour bezeichnet werden, waren kostspielig, so dass sich diese nur der Adel und die bürgerliche Oberschicht leisten konnten. Die einfachen Menschen hingegen verließen den Ort, an dem sie geboren waren, nie. Sie verließen ihn nur in Ausnahmefällen.

Auch Alfred Bassermann gehörte diesem privilegierten Kreis an und konnte es sich leisten, auf Reisen zu gehen. Um Italien näherzukommen, unternahm er zwei lange Reisen. Auf der ersten Reise war er drei Monate unterwegs (vom 17. März 1886 bis zum 19. Juni 1886), und auf der zweiten Reise war er sieben Monate lang unterwegs (vom 25. Dezember 1892 bis zum 17. Juli 1893). Mit seinen Reisen war er nicht in schlechter Gesellschaft. Auch Johann Wolfgang von Goethe, der sich durch die Arbeit als Minister in Weimar eingeengt fühlte, begab sich zwei Jahre lang auf Italienreise.

Alfred Bassermann befriedigte die Arbeit im Öffentlichen Dienst ebenfalls in keiner Weise. Vielfältige Schwierigkeiten und Anfeindungen führten dazu, dass er den Öffentlichen Dienst nach seiner ersten Italienreise 1886 quittierte. Sein Lebensziel lag darin, auf seinen Reisen die Forschungen über Dante zu vertiefen, von dessen Werken er schon in der Kindheit durch

Bücher über Italien aus dem Verlagshaus Baedeker: „Ober-Italien" und „Riviera".

Reiserouten von Alfred
Bassermann während
seiner Zeit in Italien:
V.l.n.r.:
a.) Amalfi—Ravello; Amalfi—
Lone—Vettica minore—Capo
di Conca
b.) Neapel und Umgebung

Erzählungen seines Vaters fasziniert war. Durch diese freie Betätigung gewann er eine tiefe Zufriedenheit, zumal er Italien mit seiner faszinierenden Geschichte und Kultur als sein Sehnsuchtsland ansah. „Italien hatte es mir angetan, Italien wollte ich bezwingen, mir zu eigen machen."[66]

Es war für ihn, den Familienmenschen, zudem außerordentlich wichtig, während seiner Reisen immer in Kontakt mit seiner Familie zu bleiben. Die unzähligen Briefe[67], die er während seiner Reisen verfasste, sind keine reinen Berichte über wissenschaftliche Ergebnisse. Es kommen immer wieder ganz persönliche Gefühle, Sehnsüchte, Emotionen und Wünsche zum Ausdruck.[68]

Auf seinen Reisen entstanden auch interessante Tagebücher, die Aufschluss über seine Reiseziele und seine Interessen geben. Bei der Lektüre wird deutlich, wie unbeirrt er seine Ziele verfolgte und wie akribisch er besonders seine Dante-Forschungen vorantrieb. Letztendlich spiegelt dieses Verhalten auch seinen Charakter wider.

c.) Orvieto—Asissi—
Foligno—Perugia—Cortona—Montepulciano—
Siena—San Gimignano
d.) Rimini—Bologna—
Padua—Venedig
e.) Camaldoli—Poppi—
La Verna—Arezzo—Florenz
f.) Postoina—Cernica—
Rakek—Divaca—Duino—
Gorizia—Casarsa della
Delizia—Bassano—Tezze—
Trento.

66   Bassermann, Alfred: Vita Dantesca. In: Deutsches Dante-Jahrbuch 11 (1929), S. 53ff.

67   Die Briefe bis zum Jahr 1911 sind meist an seine Frau Marie adressiert. Die späteren an seine zweite Frau Hedwig und die Kinder aus diesen Ehen.

68   Siehe Alfred Bassermanns Briefe an seine erste Frau Marie und Tagebucheinträge während seiner Italienreisen.

Insbesondere seine Sorgfalt und seine Akribie beim Quellenstudium während seiner Reisen in unzähligen Museen und Bibliotheken, in denen er geographische und topographische Kenntnisse des Landes erwarb, kennzeichnen den Dante-Forscher Alfred Bassermann. Wie wichtig ihm die gewonnenen Erkenntnisse waren, spiegelt sich in seinen Aussagen von einer ‚Dantegeographie' und der ‚Ausbeute an Dantes Spuren' in Zusammenhang mit seinen Reisen wider.

Seine Forschungsergebnisse mündeten schließlich in seine 1897 erschienene Publikation „Dante's Spuren in Italien". Im Vorwort zu diesem Buch vom 13. Oktober 1896 schreibt der Autor selbst:

„Das Buch beabsichtigt eine Darstellung dessen zu geben, was Natur und Kunst Italiens an Beziehungen zu Dante aufweist. ... und so habe ich auf mehrjährigen Reisen auf ‚Dantes Fußstapfen' Italien durchstreift, um die Stätten aufzusuchen, deren Dante in seinem Gedichte mit einer Wendung gedenkt ... und um die Bildwerke kennen zu lernen, die mit Dante, als ihn beeinflussend oder von ihm beeinflußt, durch die Tradition in Verbindung gebracht werden ... Dantes inniges Verhältnis zur Natur und Kunst seines Heimathlandes ist in seiner Dichtung so scharf ausgeprägt, daß es von jeher Beachtung finden mußte ..."[69]

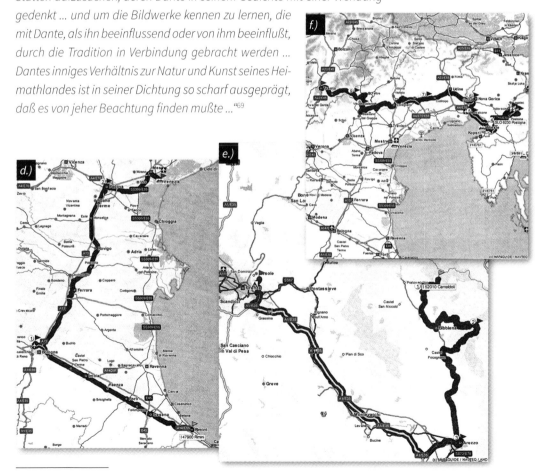

69   Bassermann, Alfred: Dante's Spuren in Italien, Heidelberg 1897, S. V – VI

Hotelvisitenkarten
von seinen Reisen:
Assisi und Bologna.

Übersetzung Bild unten:
„Herr Bassermann darf mit
vier Personen seiner Be-
gleitung die Vatikanischen
Museen jeden Tag besuchen,
außer samstags und an
Feiertagen. Der Eingang be-
findet sich am Haupttor des
Päpstlichen Gartens entlang
der Via dei Fondamenti.

Aus dem Vatikan
am 2. Mai 1886.

Frei
Der Präfekt der SS. PP. AA.
August Theodoli

Es werden nur anständig
gekleidete Personen ein-
gelassen.
Es ist verboten zu rauchen
und Hunde einzuführen.
Regenschirme und Wander-
stöcke müssen hinterlegt
werden.

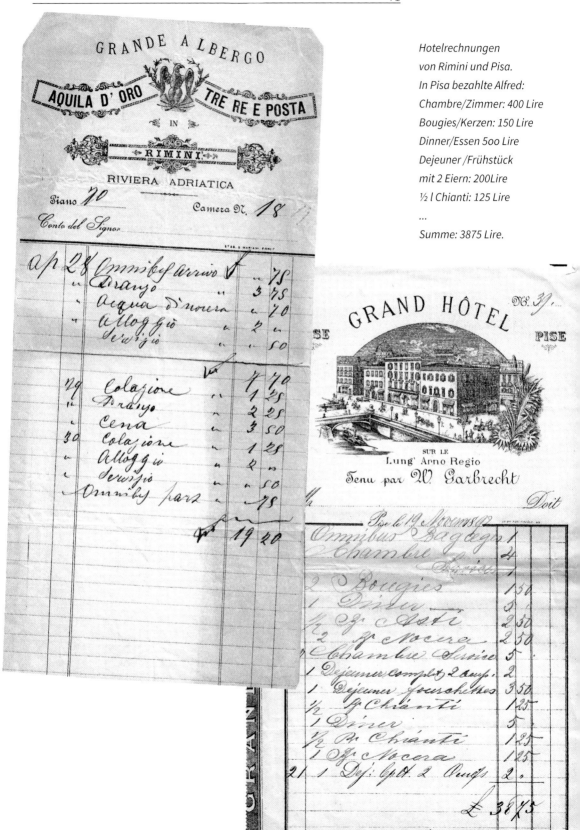

Hotelrechnungen
von Rimini und Pisa.
In Pisa bezahlte Alfred:
Chambre/Zimmer: 400 Lire
Bougies/Kerzen: 150 Lire
Dinner/Essen 5oo Lire
Dejeuner /Frühstück
mit 2 Eiern: 200Lire
½ l Chianti: 125 Lire
...
Summe: 3875 Lire.

Die Einleitung im gleichen Buch beginnt Alfred Bassermann mit einem Vers:

„Willst den Dichter Du verstehen,
Mußt in Dichters Lande gehen."

„Dieser gute Rath ist bei keinem Dichter besser am Platz als bei Dante. Denn keiner liebt mehr als er sein Vaterland, keiner ist enger mit seiner Heimath verwachsen, keiner hat mehr als er aus dem mütterlichen Boden immer und immer wieder die Kraft gezogen, die seine Dichtung unsterblich macht."[70]

Michelangelos römische Pietà im Petersdom im Vatikan.

Aus dem Inhaltsverzeichnis des Buches lässt sich schnell erkennen, wo Alfred Bassermann überall in Italien gewesen ist. Er erwähnt Rom, Florenz, den Arno-Lauf und das Casentino-Tal, Pisa, Lucca, Pistoia, die Apennin-Pässe und die Emilia-Romagna, die Marken mit der Provinzhauptstadt Ancona und Umbrien, Süditalien, Via Cassia und Via Aurelia, Lunigiana, Oberitalien, Pola und die Julischen Alpen sowie Orvieto.

Alle besuchten Regionen stehen in Zusammenhang zu Dantes Wirken, und Alfred Bassermann stellt in seiner Publikation Zusammenhänge zwischen den besuchten Orten seiner Reise und Dantes Werk her. Dabei wird offensichtlich, wie weitgefächert Bassermanns Kenntnisse und Interessen waren und auf welche Details er auf seinen Reisen achtete. Folgende Orte hatten besonderen Einfluss auf den Philosophen Dante Alighieri und wurden von Alfred Bassermann hervorgehoben:

Rom

„Rom ist für Dante der Mittel- und Angelpunkt seines ganzen Weltsystems. ... Aber daß Dante überhaupt einmal in Rom gewesen ist, können wir nichtsdestoweniger mit Bestimmtheit behaupten. Dafür bringt eine Stelle im Paradies den vollen Beweis, wo Dante

70   Bassermann, Alfred: Dante's Spuren in Italien, Heidelberg 1897

das üppig aufblühende Florenz mit der zer-
fallenden Pracht Roms vergleicht und zu diesem Zweck in seiner packenden Anschaulichkeit nicht die Städte selbst, sondern zwei
Aussichtspunkte, von denen man sie über-
schaut, neben einander nennt. ... Wohl aber
haben wir noch eine andere beweiskräftige
Stelle in der Divina Commedia, und zwar
eine, die uns zugleich für die Zeit von Dantes Aufenthalt in Rom einen Anhaltspunkt
gibt. Es ist die Stelle, wo er in der ersten
Klamm des achten Kreises die in entgegen-
gesetzter Richtung an einander vorüberziehenden
Kuppler und Verführer mit den Schaaren der Pilger
im Jubiläumsjahr 1300 in Rom vergleicht. ... Ueber-
dies, wenn Dante nur als Pilger im Jubeljahr in Rom
war, so nahmen sicher die Eindrücke der Gegenwart
seine Seele so mächtig in Anspruch, daß auch dies
seine Aufmerksamkeit von Fernerliegendem ablen-
ken mochte. ... Aber Dante flog auch mit Adlerflügeln
seiner Zeit voraus, er war ein Bahnbrecher der Renaissance, wie es keinen gewaltigeren gibt, und so

sagen uns gerade diese Verse, daß er vorahnend auf den Trümmern der
ewigen Stadt geträumt, daß schon er dort das alte Rom in seiner Herrlichkeit vor seinem inneren Auge hat erstehen lassen.“[71]

*Römische Sehenswürdig-
keiten: Die Statue des
Moses von Michelangelo, der
Trevi-Brunnen von Nicola
Salvi und Ausblick auf den
Vatikan mit der Peterskirche
von dem Hügel Pincio.*

---

71   Bassermann, Alfred: Dante's Spuren in Italien, Heidelberg 1897, S. 3 – 11

Florenz

„Rom ist für Dante der Mittelpunkt seines Denkens, Florenz der seines Empfindens. In Rom laufen die Fäden seines Weltsystems zusammen, Florenz ist das Ziel seiner sehnsüchtigen Liebe und zugleich das Stichblatt seines ingrimmigen Hasses. … Aber es ist kein kalter, feindseliger Haß, es ist der heilig eifernde Zorn, den die Liebe gezeugt hat. … Florenz bleibt eben seine geliebte Vaterstadt, ..

Aber wenn auch nicht das Haus selbst, so ist doch der Nachweis seiner Lage für uns nicht ohne Werth. … Aber noch ein weiterer Umstand gibt der Lage von Dantes Wohnhaus Interesse. Das ist die Nachbarschaft zweier Häuser, deren Namen in Verbindung mit Dantes Herzensgeschichte immer genannt werden …

Die Zahl der Stellen, in denen Dante auf florentinische Verhältnisse zu sprechen kommt, ist natürlich ungemein groß. … Der Aberglaube der Florentiner hatte in Dantes Jugend nach naher Vergangenheit noch einmal eine nachhaltige Nahrung bekommen, als im Jahr 1215 gerade an dem Fuß der Mars-Statue jene verhängnißvolle Blutthat geschehen war, die allgemein als die Ursache oder wenigstens als das Signal zu der unseligen Spaltung der Bürgerschaft in Guelfen und Ghibellinen betrachtet wurde.

In enger Beziehung zu der Mars-Statue steht eine andere von Dante erwähnte florentinische Oertlichkeit, die wir heute noch in voller Greifbarkeit vor uns haben, das alte Baptisterium. … Schließlich müssen wir noch der beiden Porphyrsäulen gedenken, die vor dem Baptisterium rechts und links der Ghiberti'schen ‚Paradies-Pforte' aufgestellt sind und, vom Feuer hart mitgenommen, gar trübselig und unscheinbar aussehen. Sie sind zwar in der Divina Commedia nicht direkt erwähnt, spielen aber eine Rolle in einer Ueberlieferung, auf die Dante einmal zu sprechen kommt.

Eine Dante-Denkwürdigkeit gibt es noch in Florenz, zu der wir zwar nicht durch die Divina Commedia geführt werden, an der wir aber doch nicht vorübergehen wollen: Das Dante-Bildniß auf Giottos leider so furchtbar zerstörtem Paradies in der Capelle des Bargello oder Palazzo del Podestá.

Noch einen Gang haben wir zu machen, ehe wir von Dantes Vaterstadt scheiden: nach dem Pantheon von Florenz, nach der Kirche Santa Croce. …"[72]

---

72   Bassermann, Alfred: Dante's Spuren in Italien, Heidelberg 1897, S. 12 – 28

Arno-Lauf und Casentino-Thal

„Wie Dantes Vaterstadt, so nimmt auch der Fluss, an dem sie gelegen, einen großen Raum ein in des Dichters Vorstellung ... Aber so oft er vom Arno spricht, thut er es mit einer Anschaulichkeit und einer Wärme, die uns verräth, mit welch sehnsüchtiger Klarheit der Strom seiner Heimath vor der Seele des Verbannten stand. Den Fluss in seiner ganzen Ausdehnung vom Ursprung bis zur Mündung zeichnet uns Dante mit wenigen kühnen Strichen in jener Beschreibung des Arno-Laufes, die mit Recht zu den berühmtesten Stellen der Divina Commedia gehört.

Unterhalb Florenz bei Signa trifft der Arno auf einen letzten Wall, den er durchbrechen muß. ... Zwischen den oben genannten Castellen von Capraja und Montelupo heraus tritt nun der Fluss wieder in freies Land ...

Die Beschreibung des Arno-Laufes ist so ein rechtes Meisterstück Dante'scher Poesie. Mit harter greifbarer Klarheit, mit fast trockener geographischer Genauigkeit folgt er dem Zug des Flusses, und doch sprüht er einen wahrhaft dämonischen Ingrimm Schritt für Schritt über seine Ufer.

Der schiefe Turm von Pisa.

Das erste Ereigniß in Dantes Leben, das ihn uns im Casentino-Thal zeigt, ist die Schlacht bei Campaldino im Jahr 1289.

Noch zu einem Punkt des Casentino-Thals leitet uns die Divina Commedia, zu einem Punkte, der, gleichsam von der Natur gezeichnet, schon vor Dante die menschliche Einbildungskraft angezogen, aber durch des Dichters lapidare Worte nochmals die scharfe Prägung seines Werthes erhalten hat, zu der schroffen Bergkuppe der Verna oder Alvernia, in deren geheimnisvoller Einöde der heilige Franciscus die Wundenmale empfangen haben soll und sein berühmtes Kloster gegründet hat ... So führt uns auch die Verna wieder in die Zeit von Dantes Jugend zurück, wie es überhaupt vorwiegend Eindrücke aus seinen jungen Jahren zu sein scheinen, die sich für den Dichter mit dem Casentino-Thal verbunden haben."[73]

Pisa, Lucca, Pistoia

„Die Nachbarstädte von Florenz: Pisa, Lucca und Pistoja sind in dem Sturm und Drang, mit dem das dreizehnte Jahrhundert zu Ende ging, mit Dantes Vaterstadt in so manchfache Berührung freund- und feindschaftlicher Art gekommen,

73   Bassermann, Alfred: Dante's Spuren in Italien, Heidelberg 1897, S. 29 – 49

daß es uns nicht auffallen kann, wenn sie in Dantes Dichtung alle drei einen hervorragenden Platz einnehmen.

Die mächtigste unter den drei Städten ist Pisa, von Alters her die Hochburg des Ghibelinentums und auf den Tod verfeindet mit Florenz, das an der Spitze des Guelfenbundes stand, und die erste Spur, die wir von ihr in der Divina Commedia finden, ist auch die Erinnerung an einen Fehdezug, den die Florentiner gegen Pisa unternahmen. ... Das Heer des Guelfenbundes beschränkte sich damals und in den nächstfolgenden Fehdezügen darauf, die Castelle und Dörfer der Pisaner zu zerstören, wagte aber keinen Angriff gegen ... Pisa ... Kurz erwähnt seien hier noch die in der Divina Commedia vorkommenden Beziehungen zu Sardinien, das in politischer Abhängigkeit von Pisa stand.

Wenn wir, Pisa im Rücken, auf der Straße nach Lucca hinwandern, so überschauen wir von einem Ende zum andern die herrliche Kette der Monti Pisani. ... Die Stadt, im Ganzen betrachtet, macht einen jüngeren Eindruck als Pisa. An Stelle der mittelalterlichen Stadtmauer, sind die grünen Wälle des sechzehnten und siebzehnten Jahrhunderts getreten, und in den Gebäuden der Stadt überwiegt auf den ersten Blick der Charakter der Renaissance und des Barock: gewaltige Paläste, stolze Hof-Anlagen, malerische Treppen, vielleicht etwas gesucht malerisch, aber im Augenblick ganz zauberhaft wirkend, reizende Loggien, quaderumrahmte Mauern mit Balustraden darüber, hinter denen sich immergrünes Buschwerk verheißungsvoll heraufdrängt und da drunten eine liebliche Oase ahnen läßt, Ausbauten der manchfachsten Art mit herzerquickender Raumverschwendung und wie gemacht für eine Strickleiter Romeos. Aber unter diesem neueren Kleid ist auch das Mittelalter noch gegenwärtig. ... Eigenthümlich ist der Gegensatz zwischen der Art, wie Dante Pisa gegenüber steht, und wie er die lucchesischen Verhältnisse betrachtet. In Pisa sieht er nur die großen Ereignisse und Gestalten und führt sie uns in mächtigen Strichen als historisches Gemälde vor. In Lucca ist ihm das Intime des täglichen Lebens vertraut, und was er uns gibt, sind typische Figuren und genrehafte Züge. ... Daß Dante in Lucca gelebt hat, dafür zeugen alle Stellen der Divina Commedia, die von Lucca reden. Die Anspielungen, die er bringt, sind vorwiegend persönlicher Art, aber sie beweisen, wie vertraut er mit den lucchesischen Verhältnissen war. ... Die merkwürdige Stelle ist eine der seltenen Ausnahmen, wo Dante unverhüllt von seinem eigenen Schicksal spricht. Er thut es mit der ganzen edlen Zurückhaltung, die ihm immer eigen ist, aber gleichwohl sagt er an dieser Stelle unumwunden, daß er in Lucca war und er dort eine Frau geliebt hat.

Während so das Bild, das uns Dante von Lucca gibt, trotz aller Schatten schließlich durch einen Strahl der Liebe verklärt wird, zeigt er uns die Nachbarstadt Pistoja wieder ganz in der düstern Gluth der Höllenbeleuchtung.

Pistoia; Ornament am Ospedale/Krankenhaus del Ceppo, von Luca und Andrea della Robbia.

Die Stadt Pistoja hat noch sehr viel von ihrem mittelalterlichen Charakter bewahrt, und namentlich der Domplatz mit seinem Kranz von ehrwürdigen Bauten läßt die Vergangenheit lebendig vor uns aufsteigen.

Der Dom bewahrt noch die Erinnerung an einen anderen Pistojesen, der zwar nicht in der Divina Commedia einen Platz gefunden hat, aber mit Dante persönlich doch in Beziehung stand und auch in seinen Schicksalen manches Aehnliche mit ihm gehabt hat. Es ist Cino dei Sinibuldi, der berühmte Rechtslehrer und Dichter, der wenige Jahre jüngere Zeitgenosse Dantes ...

Aber die Wanderung an Ort und Stelle hätte ich doch auch in diesem Falle nicht entbehren können. Denn vorhergehen mußte die Erkenntniß von der Nichtigkeit der alten Erklärungsweise. Diese aber hat mir nur der Augenschein auf meinen Streifzügen um Pistoja verschafft, als ich von der altersgrauen Veste Montecatini in das vielgewundene Val de Nievole niederstieg, als ich von dem einsamen Kirchlein des verfallenen Monsummano alto auf die dämmernde Ebene von Fucecchio hinausblickte oder von dem windumfegten Bergfried von Serravalle aus mir die Wechselfälle jener Kämpfe vergegenwärtigte, deren Ziel, das fluchbeladene Pistoja, jetzt so friedlich in der reichangebauten Ebene im Kranz der anmuthigen Apenninen-Vorberge dalag."[74]

Apenninen-Pässe und Emilia-Romagna

„... und auch sonst zeigt die Geschichte der Dante'schen Zeit manche Bei- spiele, wie eng die Interessen der beiden Länder verbunden waren, wie die adeligen Herren der Romagna in den Reihen der toscanischen Heere kämp- fen und wie die Toscaner auf die Partei-Gestaltung in den romagnolischen Städten ihren Einfluss auszüben suchen.

Und so finden wir in der That eine ganze Reihe dieser Furchen, die das Bergland der Apenninen durchqueren, zu Verkehrs-Adern gestaltet, in denen das Leben über die Grenze von Toscana und Romagna schon frühzeitig rege herüber und hinüber fluthete.

An der alten Heerstraße, die Bologna und Florenz direct verbindet, treffen wir eine von Dante erwähnte Oertlichkeit ... den Uccellatojo. Es ist jener Aus- sichtspunkt, den Dante dem Monte Mario bei Rom gegenüberstellt, und man muß gestehen, daß Dante wieder keine bessere Stelle hätte wählen können. Nachdem die Straße, von Bologna herkommend, die Höhe des Apennin – im Wechsel der Jahrhunderte auf verschiedenen Pässen – überschritten hat, senkt sie sich zunächst in das Sieve-Thal, um dann noch einmal die Höhen hinanzusteigen, die dieses von dem Thal des Arno scheiden. Wenn sie bis Pratolino heraufgekommen ist, umzieht sie – in ihrer heutigen Anlage – den Gefällsverlust vermeidend mit einem Bogen nach links eine beträchtliche Anhöhe, die eben den Namen Uccellatojo führt.

Die Wasserläufe in den Niederungen der Romagna waren offenbar von Alters her dem manchfachsten Wandel unterworfen, und damit mag es zu- sammenhängen, daß sie ihre Namen nicht so festgehalten haben, wie es bei Flüssen mit individuell ausgeprägtem Bette gewöhnlich ist.

Von San Benedetto wandern wir nun auf der trefflichen Poststraße immer dem Lauf des Montone folgend der Romagna zu.

Auch dieses Land nimmt in Dantes Gedanken einen großen Raum ein. Namentlich an zwei Stellen seiner Dichtung widmet er ihm zusammenhän- gende Abschnitte von einer Ausdehnung wie wenig anderen Gegenständen: das erste Mal im siebenundzwanzigsten Gesang des Inferno, wo beim Zusammentreffen mit Guido von Montefeltro die politischen Zustände der Romagna um 1300 besprochen werden ...

---

74   Bassermann, Alfred: Dante's Spuren in Italien, Heidelberg 1897, S. 50 – 74

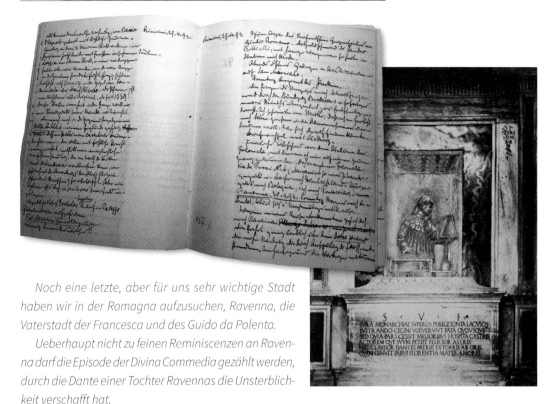

Noch eine letzte, aber für uns sehr wichtige Stadt haben wir in der Romagna aufzusuchen, Ravenna, die Vaterstadt der Francesca und des Guido da Polenta.

Ueberhaupt nicht zu feinen Reminiscenzen an Ravenna darf die Episode der Divina Commedia gezählt werden, durch die Dante einer Tochter Ravennas die Unsterblichkeit verschafft hat.

Noch eine Spur von Dante birgt das ehrwürdige Ravenna, aber nicht eine Spur seines Geistes, eine Spur – die letzte – seines Leibes. Neben der Franziskaner-Kirche in der früheren Madonnen-Kapelle ist die Grabstätte des Dichters. Die Stadt Ravenna hütet stolz und eifersüchtig ihren Schatz, und die Glieder der stillen großen Dante-Gemeinde sind von jeher dorthin gewallfahrt und in begeisterter Andacht dort gestanden."[75]

Das Grabmal von Dante und Notizen von Alfred Bassermann in seinem Reisetagebuch über Rimini und Ravenna.

„Ravenna, 30.4.93. Sonntag morgens noch bedeckt, klärt sich's nachmittags wolk. auf ..."

Marken[76] und Umbrien

„Während wir in der Romagna eine ganze Reihe von Oertlichkeiten bei Dante genannt fanden, aber vielfach den Mangel von lebendiger Anschaulichkeit feststellen mußten, treffen wir in den südlich angrenzenden Landschaften, der Mark Ancona und Umbrien, weniger häufig auf Beziehungen zur Divina Commedia ... Der Focara ist ... die Höhe, die nördlich von Pesaro an das Meer herantritt und den flachen romagnolischen Küstenstreif gegen die Mark Arcona abgrenzt ... Der Name Focara findet sich, als Bezeichnung der

75   Bassermann, Alfred: Dante's Spuren in Italien, Heidelberg 1897,
      S. 75 – 101

76   Ehemals Mark Ancona

Anhöhe selbst, auf der Generalstabskarte nicht. Doch wird im Volk diese ganze Erhebung darunter verstanden.

Von Pesaro aus führt unser Weg landeinwärts. Zuvor aber haben wir noch zwei von Dante genannte Städte mehr im Süden der Mark Ancona aufzusuchen ... Hier haben wir nur von Urbisaglia und Sinigaglia zu reden. Urbisaglia liegt am weitesten südlich ... Ueber die Schicksale der antiken Stadt ist wenig bekannt ... Sinigaglia, das halbwegs zwischen Ancona und Pesaro an der Mündung der Misa liegt, die alte Hauptstadt der senonischen Gallier, die auch als römische Colonie wieder eine hervorragende Bedeutung erlangt hatte, war zu Dantes Zeiten durch die Verheerungen der Saracenen und des Sumpffiebers an den Rand des Verderbens gekommen. Die Stadt erholte sich zwar allmählich wieder und gelangte sogar durch ihren großen Jahrmarkt für längere Zeit zu einer gewissen Wichtigkeit.

Immer weiter landeinwärts führen uns Dantes Spuren, hinüber in das Thal des Tiber. Nur einmal müssen wir zuvor noch Halt machen, bei dem alterthümlichen Städtchen Gubbio ... Die Stelle ist der einzige Anhaltspunkt für einen Aufenthalt Dantes in Gubbio.“[77]

Süditalien

„Nicht überraschend ist es uns, daß unter den von Dante in Süd-Italien genannten Oertlichkeiten verhältnismäßig viele an die Hohenstaufen erinnern, deren tragisches Geschick so enge mit jenem so verlockend schönen und so tückisch verderblichen Lande verbunden ist und den Dichter wie den Politiker Dante gleich lebhaft berührte

Zunächst finden wir zwei an der Nordgrenze des Königreichs Neapel gelegene Städte, die in der Geschichte der Hohenstaufen eine unheilvolle Bedeutung erlangt haben, in der Reihe der Schlachtfelder erwähnt, die Dante zum Vergleich mit der letzten Schlucht der schlimmen Klammen aufzählt, Ceprano und Tagliacozzo.

Ceprano liegt am Liris auf der Grenze zwischen dem römischen Gebiet und Neapel und war ein strategisch wichtiger Punkt ...

Wenn man von Rom durch das sabinische Bergland auf der valerischen Straße herkommt, so liegt Tagliacozzo an dem Anfang eines Hochthals, der Campi Palentini, die in ihrer üppigen Schönheit, umragt von den gewaltigen Bergschranken, die märchenhafte Bühne für den letzten Act des phantastischen Hohenstaufen-Dramas darboten. Das Städtchen ist noch an

---

77   Bassermann, Alfred: Dante's Spuren in Italien, Heidelberg 1897,
       S. 102 – 112

den schroffen Berghängen hinauf gebaut, aus denen
der steile Pfad von Roccacerro herabkommt, während
die Heerstraße in einem Bogen um den Berg von links
herläuft.

Die Insel Sicilien selbst finden wir dreimal in der Divina Commedia erwähnt, wobei es bezeichnend ist, daß
alle drei Male im Vordergrund von Dantes Vorstellung
der Aetna steht.

Aus dem sonnigen Alterthum treten wir wieder in den
Schatten des Mittelalters, wenn wir den letzten Punkt
aufsuchen, dessen Dante auf neapolitanischem Gebiete
Erwähnung thut, Monte Cassino, das Stammhaus der
Benedictiner. Auf weithin sichtbarer Bergeshöhe ist
es so recht als Siegeszeichen errichtet auf den letzten
Trümmern des niedergeworfenen Heidenthums.

Ziehen wir noch einmal die Summe aus unserem
Streifzug durch Süd-Italien, so müssen wir sagen,
daß die positive Ausbeute außerordentlich klein ist.
Aber ein glücklicher Zufall will, daß an allen drei
Küsten – Bari, Gaeta, Crotona – sich unverkennbare
Spuren Dantes finden ...“[78]

Via Cassia und Via Aurelia

Sizilien, Messina
und Palermo.

„Die alte Heerstaße, die Rom mit Toscana verband, zog nicht das Tiber-Thal
aufwärts wie heute die Bahn, sondern folgte – ausgenommen die Strecke
zunächst Rom, wo die Zerstörung des Ponte Molle ... den Umweg über den
Monte Mario nöthig machte – der Via Cassia.

Wenn wir auf unserer Via Cassia nordwärts weiterziehen, so treffen wir
auf das altehrwürdige Chiusi, das, auf einer Anhöhe in das langestreckte
Chiana–Thal hereingeschoben, die fruchtbare Ebene weithin überblickt.
Dante erwähnt es in jener Betrachtung über die Vergänglichkeit, von der
wir schon bei Urbisaglia und Sinigaglia zu sprechen Gelegenheit hatten..
... Chiusis Blüthe liegt in der sagengrauen Zeit, die der Gründung Roms
vorhergeht. Das alte Clusium war eine der mächtigsten Städte des etruskischen Bundes, und heute noch melden uns die reichen Gräberfunde, welch
hochentwickeltes Leben dort einst seinen Sitz hatte. Auch in der römischen

78   Bassermann, Alfred: Dante's Spuren in Italien, Heidelberg 1897,
     S. 113 – 124

Zeit bewahrte es noch seine Bedeutung. Der Zug der Via Cassia, zahlreiche Inschriften und stattliche Architektur-Reste verkünden es.

Aber noch an mehreren anderen Stellen kommt Dante auf den etruskischen Küstenstrich zu sprechen, und wenn die Anspielungen auch nur kurz und flüchtig sind, so dürfen wir doch aus einigen von ihnen schließen, daß unser Dichter auch diesen Theil Italiens mit eigenen Augen gesehen hat

Eine alte Römerstraße, die Via Aurelia, zieht von Rom dem Meere entlang nordwärts, und auch auf ihr mag Dante einmal seinen Weg genommen haben. Diese Straße wendet sich von Rom direct nord-östlich und läßt die Mündung des Tiber weit zur Linken."[79]

Lunigiana

"... Ein solcher Mittelpunkt, fast möchte ich sagen, Herd von Dante-Spuren findet sich in dem nördlichsten Winkel von Toscana, dort, wo die Magra mit kurzem Lauf den Genuesen vom Toscaner scheidet, und zwar sind dort die Reminiscensen so zahlreich und manchfaltig, daß dieses Gebiet zu den bedeutsamsten Punkten der Dante-Geographie gehört.

Zunächst interessirt uns da das kleine Hafenstädtchen Lerici, das noch am Golf von Spezia gelegen ist.

Tief unten blinkte die Magra herauf, die diesem Wall entlang ihren Weg in's Meer sucht, und jenseits des Flusses traten die Berge – es sind die Marmorberge von Carrara – zurück und ließen eine ziemlich breite Ebene frei, die sich, von dem schimmernden Meeressaum begleitet, langgestreckt nach Süden dehnte. Hier war wirklich das Ende der Riviera. ... Also nur in ihrem untersten Lauf, da, wo sie den Bergen von Lerici entlang fließt, kann die Magra als Grenzfluß zwischen Genua und Toscana bezeichnet werden ... Um nach der Stätte von Luni zu gelangen, mußte ich die Magra überschreiten ... Der Sturm der Völkerwanderung, unter dem die ganze alte Kultur zusammenbrach, beschleunigte jedenfalls den Niedergang und die Verwüstungen durch Saracenen und Normannen besiegelten das Schicksal der Stadt ... Als Luni unterging, zog sich die Mehrzahl seiner Bürger nach der kleinen Stadt Sarzana, die am Fuße der Carrarischen Berge gelegen ist, da, wo diese der Magra sich nähernd die Küsten-Ebene in das Flußthal zu verengern beginnen.

---

79   Bassermann, Alfred: Dante's Spuren in Italien, Heidelberg 1897,
      S. 125 – 147

Die Stelle ist ein Denkmal der Dankbarkeit, das Dante seinen Wohlthätern gesetzt hat. Die Markgrafen Malaspina saßen seit uralten Zeiten in der Lunigiana auf ausgedehnten Gütern zu beiden Seiten des Magra-Thals.

Immerhin dürfen wir mit unserer Ausbeute an Dante-Spuren im Gebiet der Lunigiana zufrieden sein. Locale und persönliche Anspielungen der Divina Commedia weisen hierher, alte Urkunden treten bestätigend hinzu, anekdotische Züge aus des Dichters Leben führen uns den gleichen Weg, und die Tradition des Volkes stellt uns frisch vor die greifbare Wirklichkeit und sagt: Hier ist Dante gewandelt. So fällt ein helles Licht auf die Gegend und zeigt uns Dantes Gestalt in einer Klarheit, wie es uns selten sie zu sehen vergönnt ist." [80]

Oberitalien

„Sobald man von der Riviera abbiegt, um dem Lauf des Flusses Lavagna aufwärts zu folgen, verschwindet der schroffe Fels-Charakter der Landschaft, und ein freundliches Thal thut sich uns auf. Eine stattliche Poststraße aus der guten alten Zeit ist unser Weg, und daneben fließt der Torrente in breitem Bett, für einen Bergstrom nach unseren Begriffen recht sanft und gemächlich, hin, wenn auch die Geröllbänke zu beiden Seiten anzeigen, daß er auch zu Zeiten Ernst machen kann.

Wenn man das Thal von Lavagna gesehen hat, versteht man erst, mit wie viel Recht Dante das Epitheton ‚schön' dem Flusse beilegt, und fast möchte man bis in die Tonmalerei des weichen Verses hinein das Dahinströmen der bella fiumana durch die reiche liebliche Landschaft wiederfinden.

Das eigentliche Nord-Italien ist sehr ungleichmäßig in der Divina Commedia bedacht. Während wir im Osten Spuren der manchfachsten Art von Dante finden werden, bietet der westliche Theil, in den wir, von Genua nördlich wandernd, jetzt eintreten, nicht ein lebendiges Zeugniß von der Anwesenheit Dantes.

Um so dichter häufen sich dagegen wieder die Spuren, wenn wir uns Verona nähern. Und mit gutem Grund. Denn wir haben hier wieder einen jener Punkte vor uns, die die großen Fermaten in Dantes Leben bilden, in denen die Unrast des Heimathlosen für eine Zeit zur Ruhe kommt und die aus dem trüben Einerlei seines Wanderlebens bedeutsam gliedernd hervortreten.

In Verona herrschte zu Dantes Zeiten das Geschlecht der Scaliger, das, durch kriegerische Tüchtigkeit rasch emporgekommen, nach Ezzelinos

---

80   Bassermann, Alfred: Dante's Spuren in Italien, Heidelberg 1897,
     S. 148 – 163

Untergang dessen Erbschaft in dieser Stadt angetreten und durch die gleiche Eigenschaft seine Macht behauptet und weiter ausgedehnt hatte.

In Verona bestand ähnlich wie in anderen italiänischen Städten der Brauch, alljährlich Wettläufe zu halten, bei denen Stücke werthvollen Tuchs, der Palio, den Preis bildeten. Das veroneser Rennen war zur Erinnerung an einen Sieg im Jahre 1207 eingesetzt und fand am ersten Fasten–Sonntag statt.

Das sind die einzigen Anspielungen auf die Stadt Verona selbst, die sich in der Divina Commedia finden.

Dagegen bietet uns die weitere Umgebung von Verona eine reiche Ernte von Spuren Dantes.

Auch die Umgebung von Mantua ist noch so, wie Dante sie schildert. Im Norden und Osten der Stadt bildet der Fluss weite Lagunen, und auch im Westen und Süden ist sie von einer Niederung umzogen, die jetzt zwar trocken liegt, aber durch die Festungsschleußen jederzeit unter Wasser gesetzt werden kann.

Wieder mehr im Vordergrund von Dantes Interesse steht die Stadt, die diese Gruppe im Süden abschließt, Padua. Der anmuthige Ort hat noch viel Alterthümliches, und der wasserreiche Bacchiglione, der in vielen Armen die Stadt durchzieht, und die Menge ihrer Gärten schmücken sie mit einer Fülle malersicher Züge. Aber sie hat etwas Stilles, Müdes und vermag bei weitem nicht mehr den Kreis der alten Wälle auszufüllen.

Noch eine Stadt dieses nordöstlichen Winkels von Italien haben wir zu erwähnen, und zwar die bedeutendste des ganzen Gebietes, Venedig ... Immerhin könnte es auffallend scheinen, daß die Wunderstadt der Lagunen, die damals noch ihrer ganzen jungen zukunftsreichen Macht und Herrlichkeit sich freute, unserm Dichter nur den Stoff zu einem einzigen Vergleich gegeben hat ... Wenn es übrigens auch nur verhältnismäßig wenige Zeilen sind, die Dante Venedig widmet, so greift er doch mit seinem Vergleich gerade das heraus, was die Lebensader, das Herz der Königin der Adria ausmacht, die Stätte, wo sie sich das Mittel ihrer Macht schuf und den Quell ihres Reichthums.

Wann Dante diese Eindrücke in Venedig empfangen hat, wissen wir nicht. Doch müssen wir ebenso wie bei den Stellen von Verona, Mantua, Garda-See, Lagarina-Thal, Brenta-Quelle und Padua auch für Venedig einen frühzeitigen Besuch Dantes annehmen, da all diese Oertlichkeiten schon im Inferno erwähnt sind."[81]

---

81   Bassermann, Alfred: Dante's Spuren in Italien, Heidelberg 1897,
      S. 164 – 196

Pola und die Julischen Alpen

„Wenn wir uns von Dante auf unserer Wanderung durch Italien führen lassen, so dürfen wir an der heutigen politischen Grenze seines Heimathlandes nicht Halt machen ... Wir wissen nicht, wann und wie Dante nach Pola gekommen ist, aber daß er dort war, sagen uns seine Verse ... Pola, die Pietas Julia der Römer, im südlichsten Winkel Istriens an einer tief eingeschnittenen Bucht gelegen, diente schon in der Augusteischen Zeit wegen seiner vortrefflichen Hafenverhältnisse als Hauptflottenstation des Adriatischen Meeres.

Erst in neuester Zeit ist es aus seinem Dunkel wieder hervorgetreten. Die österreichische Kriegsmarine hat seit dem Verlust von Venedig, ihren Haupt-waffenplatz hierher verlegt. Stattliche Hafenbefestigungen, Schiffswerfte, Docks, Kasernen, Verwaltungsgebäude sind entstanden.

Wir sind im Gebiet der Julischen Alpen. Adelsberg selbst liegt sehr an-muthig in einem weiten wohlangebauten Thalkessel.

Eine der bedeutendsten dieser Höhlen, die im Mittelalter schon bekannte Adelsberger Grotte, hatte ich Tags zuvor besucht, und die abenteuerlichen

Venedig; Markusdom.

Tropfstein-Gebilde, die mächtigen Hallen mit ihrer verdämmernden Wölbung, das ferne Rauschen der Poik, das aus ahnungsvollem Dunkel herauftönt, hatten mich mit schauernder Bewunderung erfüllt.

Diese Thatsachen beweisen allerdings nicht die Annahme, daß Dante in Adelsberg gewesen, aber sie sind doch wohl geeignet, die inneren, der Divina Commedia entnommenen Gründe, die uns in dieser Richtung weisen, wesentlich zu unterstützen.

Unser Ziel Tolmein ist einer der schönsten Punkte dieses schönen Thales. Das freundliche Städtchen liegt an einer Stelle, wo die Berge mehr zurücktreten und für wohlangelegte Felder Raum bieten ...

Eigenthümlich ist ferner, daß der Name Dantes ganz bestimmt an der einen Oertlichkeit, der Dante-Höhle, haftet.

Auch die vielgeschmähten ‚Antra Julia‘ des Boccaccio, die Julischen Höhlen, gewinnen jetzt wieder an Bedeutung. In seinem poetischen Briefe, mit dem er an Petrarca einen Codex der Divina Commedia schickte, sind sie unter den Oertlichkeiten aufgeführt, die Dante besucht habe.

Zug für Zug stimmen Vorbild und Abbild überein, und Dante'scher Geist ist es, der uns anweht aus der Unterwelt der Julischen Alpen.“[82]

Venedig; Markusbibliothek.

82   Bassermann, Alfred: Dante's Spuren in Italien, Heidelberg 1897,
     S. 197 – 205

Musik, Gedichte und Texte[83]

Alfred Bassermann verfügte über eine breite Bildung, die er von seiner Familie vermittelt bekam. Neben seiner Leidenschaft für Dante, nahmen auch Musik und Poesie einen wichtigen Platz in seinem Leben ein.

Im Haus Bassermann wurde viel musiziert. Obwohl er selbst kein Instrument spielte, war es wichtig, auch in seinen Kindern dieses brennende

Notenbücher mit Kinder- und Weihnachtliedern.

Interesse für Musik zu entfachen. Das wird deutlich bei einem Blick in seine schriftlichen Hinterlassenschaften. Klaviernoten für vier Hände, Noten für Violine und Klavier, leichte Kindermelodien und Weihnachtslieder – solche Noten weisen darauf hin, dass in der Familie die Tradition der Hausmusik gepflegt wurde.

Neben seiner musischen Begabung liebte Alfred Bassermann die Dichtkunst. Zahlreiche Gedichte hat er Zeit seines Lebens verfasst, die größtenteils von seiner Tochter Freya mit der Schreibmaschine übertragen wurden.

Es finden sich neun seiner Gedichte, die von seinem Schwager Alexander von Dusch in Opus 12 vertont wurden

83   Alle Texte der Gedichte stammen von Alfred Bassermann (1856 – 1935), sind von ihm handgeschrieben und von seiner Tochter Freya in zwei Gedichtbände übertragen worden.

Original Gedichtbücher von Alfred Bassermann.

und bei Musikalienverleger Karl Ferdinand Heckel in Mannheim herausgegeben worden sind.

Die nachfolgende Auswahl an Gedichten aus der Feder von Alfred Bassermann ist wegweisend für sein Leben und gibt einen Eindruck von der Persönlichkeit des Dichters.

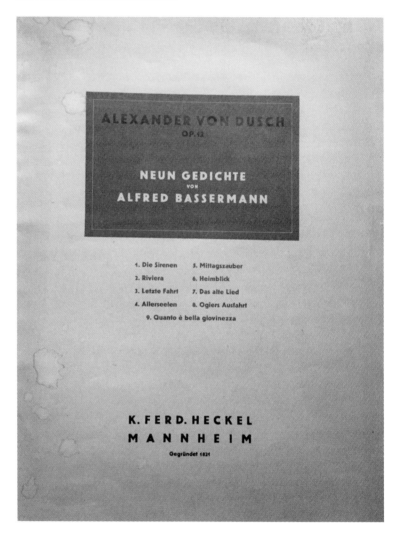

Notenbuch von Alexander von Dusch. Er vertonte neun Gedichte von Alfred Bassermann.

Elegie

1.
Mächtig steigen empor die quadergefügten Paläste,
Ewiger Dauer bestimmt, scheinbar von Ewigkeit her
Und doch war eine Zeit, da Eure Quader noch Felsen,
Und es wird eine sein, da sie Trümmer und Staub

Dort wo ihr schimmert und prangt, da ragten schon andere Mauern,
Stärker und stolzer als Ihr; aber auch sie wurden Staub.
Deutlich entsinn' ich mich noch des trutzig dreuenden Stadtwalls,
den die schläfrige Flut düsteren Grabens umzog
Und darüber erblick' ich getürmt die Giebel der Häuser,
Treulich von Graben und Wall manches Jahrzehnts schon beschirmt
Innig seid ihr verbunden mit meiner Jugend Erinnerung,
Und nun seid ihr dahin, wie meine Jugend entschwand.
Mit euch steiget empor so manche verschwiegene Mondnacht,
Wenn ich nach lieblichem Ziel Euer Gewinkel durchschritt
Dämmernd und schlafend die Gassen, nur oben flutet das Mondlicht;
Nur mein eigener Schritt hallt, und es pochet mein Herz.
Friedlich beut sich die Bresche mir dar, gefällig der Holzsteg,
Lächelnd in silbernem Licht grüßt mich vertraulich die Flut
Leise knirschet der Steg, dort winken die rauschenden Büsche,
Dunkel deckt meinen Pfad, mich aber führet mein Herz.
Tief her senkt sich der Linde Geäst; dort harret die Liebste,
Und mit Rosengezweig schmück ich die schwellende Brust
Sehnsucht hauchet die Linde, es glüht die erschlossene Rose,
Jauchzend die Nachtigall ruft, ferne versinkt uns die Welt.–
Doch es verrinnet die Zeit, und Linden und Rosen verblühen,
Und die Nachtigall flieht, ach, und die Liebe vergeht
Nieder sinken die Mauern, es füllen die Trümmer den Graben,
Und die Linde zerkracht stürzend des Haines Gebüsch
Nieder sinken die Giebel, es klaffen geborsten die Räume,
Alle die Tiefen und Höhen ebnet ein unendlicher Schutt
Breit sind die Straßen gezogen, es dehnen sich glänzende Plätze
Wo lag Graben und Wall? Wo stand Brücke und Hain?
Rastlos flutet das Leben des Tags hin, ohne zu ahnen,
Was der Vergangenheit Schutt birgt an zertrümmertem Glück.

2.
Mir schien die Welt schon manches Mal
Ein einz'ger großer Wartesaal
Man sitzt zusammen eingezwängt
In dumpfer Luft, man stößt und drängt;
Spricht mit dem Nachbar wohl ein Wort,
Vergessen schon sobald er fort;
Schleppt sich mit des Gepäckes Bürde –
O, wenn doch abgerufen würde!

3.

Im Himmel steht ein großes Faß,
Dem unser Glück entquillt;
Ein jeder hat sein festes Maß,
Und einmal wird's gefüllt.
Wer es in vollem Zug genießt,
Ist ein verlor'ner Mann;
Nur wem es tropfenweise fließt,
Der hat auch lange dran.
Zu schnelle leert' ich meinen Krug
Wenn der jetzt voll noch wär!
Bei Gott, 's war ein zu schöner Zug,
Ich tränk' ihn wieder leer.

4.

Lebensfahrt des Bergkristalls.
Wo mit immer gleichem Tosen
Niederdröhnt des Wildbachs Fall,
Lag in dichten Alpenrosen
Halbversteckt der Bergkristall.
Blitzend bunte Lichter malet
Sonnenschein in Wildbachs Gischt,
Und die Alpenrose strahlet
Von des Wassers Hauch erfrischt
Almenrausch und Wasser funkeln
Wie Rubinen und Opal,
Glanzlos unerkannt im Dunkeln
Liegt der arme Bergkristall.
Und ihn faßt ein trotzig Sehnen
Fort aus diesem dunklen Moos;
Leuchten möchte er gleich jenen
Wasserfall und Alpenros.
Und er rückt von seinem Platze,
drängt zur Seite Moos und Stein,
Und er springt mit einem Satze
In den Wasserfall hinein.
Hei! wie strahlt er siegestrunken
Diamantgleich im Sonnenlicht,
Das mit tausend Farbenfunken
Sich in Eck' und Kanten bricht.
Und wird auch an Zack' und Riffen

Manche Kante ihm zerspellt:
Trotz'ge Ecken, neugeschliffen,
zieht er weiter in die Welt.
Aus den neuen Flächen quellen
Neue Farben zauberhaft,
Wenn ihn durch die klaren Wellen
Trifft der Mittagssonne Kraft.
Aber trüber wird das Wasser,
Es erlahmt des Stromes Wucht,
Und der Sonne Schein dringt blasser
In die weite flache Bucht.
Und verschwunden sind die Felsen,
Denen er getrotzt so keck;
Was die trüben Fluten wälzen,
Hat nicht Kante, hat nicht Eck.
Keinen Winkel, keine Flächen,
Alle Linien stumpf und weich;
Immer scheuern, nur nicht brechen!
Ein Stein sieht dem andren gleich.
Des Kristalles Ecken ritzen
Zwar manch alten Kiesel rund;
Doch zuviel! Auch seine Spitzen
scheuern nach und nach sich rund.
Seine blanken Flächen schwinden,
Seine Kanten werden rauh,
Seine Lichter, sie erblinden,
Es bedeckt ihn stumpfes Grau.
Und dann kommt er sacht ins Rollen,
Und er selber merkt es kaum,
Trollt, so wie die andern trollen,
Weiter durch den trüben Raum.
Immer fort im kleinen Kreise,
den er um sich selber dreht,
Während er die große Reise
Mit dem Zug des Stromes geht.
Endlich an des Meeres Strande
Bettet ihn der Vater Rhein
In dem tiefen weichen Sande
Zu manch andrem Kieselstein.
Weckt ihn wohl der Glanz der Sonne
An des ew'gen Meeres Saum

Wieder jene Strahlenwonne,
Seiner Jugend lichten Traum?

...

Amour voyageur
Der große Gasthof liegt im tiefen Schlummer
Leis geht die Tür auf in Gottes Namen
In diesem Gang-Gewinkel, dem infamen,
heißt es gesucht der Liebsten Zimmer-Nummer.
Mein Streichholz flammt in jeder Türe Rahmen
Wüßt' ich das Stockwerk nur, das ist mein Kummer
Treppauf, treppab les' ich und les' im Schummer
Und les' zum Teufel gar „Closet für Damen".
Jetzt aber vierzig, ein- und zweiundvierzig
Vor dreiundvierzig ein paar Elfenschuh
Ich klinke auf. Der blinde Schritt verwirrt sich:
„Isolde"? – „Ja doch!" – Rasch den Riegel zu
Durch's Dunkel lockt ein Hauch so warm und würzig,
Und hin zum Port all meines Sehnens stürz'ich.
Gott schenke allen Christen sanfte Ruh!

Die Sturmschäden im Schlossgarten

Es kam der Sturm von Westen
Und brauste Tag und Nacht
Und zauste an den Ästen
Des Gartens alte Pracht.
Und in die Kronen leget
Sich wuchtend sein Gewicht
Und reißt und biegt und feget,
Bis Stamm und Wurzel bricht.
Wo einem alten Stamme
Der Kern zermürbt vom Wurm,
Die Wurzel faul vom Schwamme,
Da knickt ihn jäh der Sturm.
Wo mit arglist'gen Ranken
Efeu die Kron' umstrickt,
Der Mistel tück'sches Kranken
Das gute Mark ihm stickt:
In Rankenwerk und Schrunden
Faßt scharf des Sturmes Zahn
Und legt die Todeswunden
Zersplittert auf den Plan.

Geborsten sind die Hallen,
Die schattend uns gelabt;
Die Recken sind gefallen,
Die wir so lieb gehabt.
Doch laßt verzagtes Trauern
Und denkt an neue Saat
Was morsch ist, kann nicht dauern;
Der beste Trost ist Tat.
Laßt neue Stämm' uns pflanzen,
Nach altem Plan gereiht,
Daß zum erprobten Ganzen
Der junge Wuchs gedeiht.
Nur sorgt, daß scharfes Messer
Efeu und Mistel trifft
Und all die fremden Fresser,
Die unsres Gartens Gift.
So gebt den alten Räumen
Ein jugendfrisch Erneu'n,
Daß unter schatt'gen Bäumen
Sich Enkel wieder freun.
Wohl geht der Stoff zu Scherben,
Form bleibt und Seele gleich
Wenn wir auch drüber sterben,
Fort lebt das alte Reich.

Geburt der Musik

Die Sonne geht zur Rüste
An ferner Urweltküste
In lauter warmen Gold,
Indes die blaue Welle
An die smaragdne Schwelle
Leis atmend silberschäumend rollt.
Im Gras am Ufersaume
Lehnt dort in dumpfem Traume
Jung mütterlich das Weib
Die blonden Flechten wallen
Mit Muscheln und Korallen
Um ihren sonnenbraunen Leib.
Im Haine hoher Palmen
Und mächt'ger Schachtelhalmen
Hat sie ihr luftig Nest

Da knüpft sie ihrem Kinde
Das Bett aus Bast und Rinde
Mit wildem Schlinggeranke fest.
Der Knabe liegt und wachet
Er plaudert und er lachet
Er blicket groß und lauscht
Er sieht die Falter schweben,
Und hört die Bienlein weben
Und wie Gebüsch und Quelle rauscht.
Und mit dem Rauschen schwimmen
Viel hundert Vogelstimmen
Durch die bewegte Luft
Es klingt der Finken Schlagen,
Der Nachtigallen Klagen
Und fern im Wald der Kuckuck ruft.
Die Mutter lässet schwingen,
Der Wiege Ranken schlingen
Und lauschet all dem Klang,
Und geh'nd und kommend reihen
Des Waldes Melodeien
Sich ihr im Wiegentakt zum Sang.
Der Bub ist eingeschlafen:
Da ziehet aus dem Hafen
Der Einbaum durch die Flut
Die Sonne ist im Sinken:
Gleichmäß'gen Schlages blinken
Die Ruder in der Abendglut.
Ihr junges Herz schlägt lauter;
Im Kahne steht ihr Trauter,
Er fährt zum Abendfang
Ihm werden nachgezogen
hin auf den leisen Wogen
All ihre Sinne von des Bootes Gang.
Sie läßt in langen Wellen
Des Lockrufs Jauchzen schwellen
Aus ihrem jungen Glück
Und von dem Trautgenossen
Kommt gleichen Klangs geflossen
Der Gruß die Wogenbahn zurück.
Da haben zu erzählen
Die tönetrunk'nen Kehlen

All was ihr Herz durchzieht
Sie lockt zu Lieb und Heime,
Er widerhallt im Reime,
Und Well' und Ruderschlag wird Liebeslied.
Doch Sturm beginnt zu brauen:
Es dröhnt in hehrem Grauen,
Erschauernd raunt das Meer
Bang die Geschöpfe lauschen
Im Walde schwillt das Rauschen
Es grollt vom Feuerberge her.
Die Brandung brüllt in Klüften,
Es pocht in Berges Grüften,
Der Blitz keilt Schlag auf Schlag
Gell pfeift es durch's Geäste
Die Frau duckt in dem Neste:
Ach Liebster, wie Dir's gehen mag!
Das Wetter ist verzogen,
Es glätten sich die Wogen
Auf taucht der Nachen mondbegleißt
Sie hört den frohen Rufer
Und wirft sich hin am Ufer,
Und Not und Lust singt Lob dem großen Geist.

Winterkehraus

Hurrah der Schnee ist weggetaut,
Ein jedes Bächlein schwellt,
Der reingefegte Himmel blaut,
Gescheuert blinkt die Welt
Nun kehrt auch all den Wintergraus
Aus Ecken und aus Winkeln aus
Zu einem Hauf zusammen,
Und laßt ihn lustig flammen.
Heraus mit allem staub'gen Brats,
Der in den Ecken lauert,
Mit jedem morschen Ast und Knast,
Der in den Winkeln trauert
Mit dürrem Strauß, verwelktem Kranz,
Vergilbtem Band, verblich'nen Glanz
Aus Speicher, Keller, Tennen
Heraus, es zu verbrennen.
So kehrt auch aus eurer Brust

All, was sie dräng' und quäle,
Von dumpfig altem Kram und Krust
Macht mutig frei die Seele
Versess'nes Leid, verzagte Scheu,
Zerfress'nen Neid, zernagte Reu
Und Trutz und Haß und Dünkel
Heraus aus letztem Winkel.
Heraus damit und in die Glut
Auf daß sie läuternd lohe
Bewahrt nur, was gesund und gut,
Das Echte, Wahre, Frohe
So machet Haus und Herzen rein
Laßt voll herein den Sonnenschein
Und alles Weh zerstiebe
Im Feuer unsrer Liebe.

Sommer-Sonnenwende
Goldglänzend zieht der Sonnenheld
Am höchsten Himmelsbogen
Soweit du schaust, prangt das Feld
Von seines Segens Kraft geschwellt
In vollen Blüten-Wogen.
Er hat befreit im Frühlingstraum
Die Welt von Frostes Riesen,
Hat aufgehängt am dürren Baum
Den Strahlenschild, und rings im Raum
Begann des Lenzens Sprießen.
Den buntgewirkten Teppich rollt
Er über alle Hänge
Er scheucht, all, was im Finstren grollt
Die Welt des Lichts dem Sieger zollt
Hell jubelnde Gesänge.
Aus mild durchwärmten Grunde weckt
Er segnend Keim um Keime
Zum Licht sich jedes Wesen reckt
In jedem Kelche steht gedeckt
Brautmahl von Honigseime.
Doch bald ist es mit Lust und Sang
Der hohen Zeit zu Ende
Müd neigt sie sich dem Sensenklang
Vom Überschwang zum Untergang,

Die Sommersonnenwende.
Des Sichelmondes Silberhorn
Beginnt im West zu blinken,
Der Goldenborst'ge rauscht durch's Korn
Den Jäger schlägt des Ebers Zorn
Die schweren Ähren sinken.
Es welkt das Laub, es stockt der Saft,
Die Blüte niederflutet
Es sinkt der Hahn, es sinkt der Schaft
Die Erde hat sie weggerafft
Das Sonnenlicht verblutet.
Doch nimmer stirbt der Held des Lichts,
Er zieht nur ferne Bahnen,
Und aus der Nacht des eis'gen Nichts
Kehrt er sieghaften Angesichts
Mit neuen Lenzes Fahnen.
Drum lasset uns den Flammen-Stoß
Zum Scheidegruß ihm weihen
Still harrt der Keim im dunklen Schoß
Und Du kehr wieder leuchtend groß,
Das Leben zu befreien.

Alb-Wanderung

Wir wanderten durch Urzeit-Schründe
Zu freier Waldeshöh empor,
Wir stiegen in geborst'ne Schlünde
Zu schicksalsreicher Höhlen Tor.
Wir klettern um der Felsen Rippen,
Von Regenschleier überwallt,
Schaun von äonen-alten Klippen
Den Nebel, der sich unten ballt.
Und wie die Täler leise schatten,
Zieh'n wir zur Rast im Berghaus ein
Und schau'n von seinen höchsten Matten
Den letzten warmen Tagesschein.
Der über Berg und Tal beflügelt
Den Blick von frohem Sehnen schwellt
Und in der Kinder Augen spiegelt
Sich ewig jung die alte Welt.

„Der Weihnachtsbaum von Ktesiphon" mit Zeichnungen (rechte Seite) von Alfred Bassermann.

Vom Weltenbaum zum Weihnachtsbaum

In Alfred Bassermanns Nachlass findet sich ein 55-seitiges Manuskript mit der Überschrift: „Vom Weltenbaum zum Weihnachtsbaum". Der Titel ist zuerst einmal im wahrsten Sinne „verwunderlich" und stellt den „Weltenbaum" – den prachtvollen, von Göttern geschützten Baum (eine Zeder) am Fuße des Götterberges einem christlichen Symbol gegenüber.

Aber schon die ersten Zeilen geben darüber Auskunft, dass hier eine philosophische Abhandlung vorliegt. Zudem wird deutlich, wie sehr Alfred Bassermann im Gedankengut Goethes verhaftet ist.

Alfred Bassermann sieht die Welt ganzheitlich, ausgehend von dem Urbild der Pflanzen. Die Fähigkeit des Menschen, Zusammenhänge zu erkennen und Gleichartiges miteinander in Verbindung zu bringen, ist die geheimnisvolle Kraft, die ihn zu wissenschaftlichem Denken befähigt. *„Ist es ein Spiel unserer Phantasie, das sich um zufällige Ähnlichkeiten von Situationen rankt? Ist es wie Ahnung eines Gesetzes der ewigen Wiederkunft, die leise in uns anpocht?"*

Grundlage des hier vorliegenden Werkes ist seine wissenschaftliche Auseinandersetzung mit dem Gilgamesch-Epos[84]. Wenn Alfred Bassermann von den beiden „Wunderbäumen" spricht, die „wie Edelstein" glänzen, erweckt er schon eine Vorahnung über die Bedeutung des Titels der Abhandlung und denkt an den Weihnachtsbaum.

Die Bedeutung von Bäumen in der Mythologie macht er etwa am Adonis-Mythos oder an der phrygischen Sage des Attis fest. Adonis' Mutter Myrrha war in einen Myrrhenbaum verwandelt worden, aus dem er geboren wurde, und Attis' Mutter empfang ihren Sohn aus dem Samen eines Mandelbaums. In den Wahnsinn getrieben, verblutete Attis unter einem Fichtenbaum, einem Baum, *„der den Winter hindurch sein Grün bewahrt, … mit Veilchen & wollenen Bändern wunderschön"* geschmückt ist.

---

84 Das Gilgamesch-Epos ist der älteste bekannte literarische Text der Menschheit. Es behandelt die Themen der Dichtung, die die Menschen schon immer bewegten: Liebe und Sexualität, Macht, Kampf mit Naturgewalten, Tod, die Frage nach dem Sinn des Lebens und das vergebliche Streben nach Unsterblichkeit. Gilgamesch (ca. 2652 v. Chr. bis 2602 v. Chr.) war König der sumerischen Stadt Uruk und laut dem Epos zu einem Drittel Mensch und zu zwei Dritteln Gott.

Nachdem der Baum als *„symbolischer Träger des Wachstums der Erde mit seinem Blühen & Reifen & Vergehen"* beschrieben wurde, wendet sich Alfred Bassermann dem Weltbild des alten Orients zu. Hier spielt *„ein ungeheurer heiliger Baum eine große Rolle … als Stütze des Himmels"*, was auch *„der gleiche Gedanke* [ist]*, der auch der germanischen Weltesche zu Grunde liegt, über dessen weitgebreitetes Geäst der Samengott den sterngestrickten Weltenmantel breitet wenn er zur Hochzeitsfeier mit der Erde niedersteigt"*.

Auch in der Sage von Odysseus entdeckt Alfred Bassermann „unverkennbar" die Rolle des Weltenbaums. *„Als der Penelope ihr Gatte endlich zurückgegeben ist, traut sie ihrem Glück noch nicht, ob sie nicht ein schlauer Betrüger täusche & so versucht sie den Odysseus mit dem Vorschlag, ihr eheliches Lager außerhalb des Schlafgemachs aufzustellen. Da mahnt er sie an das nur ihnen bekannte Geheimnis, wie dies Bett gezimmert sei,* [Odyssee 29, 190 – 201] *grünend wuchs im Geheg ein weitumschattender Ölbaum."*

Sogar zwei Bäume finden sich in der Sagengeschichte von Alexander dem Großen, der aus einer Umarmung eines Gottes mit seiner irdischen Mutter geboren wurde. *„Seine wunderbaren Eroberungszüge wurden zu märchenhaften Abenteuern & Wagnissen, die ihn weiter & weiter führen, durch das Sandmeer & das Land der Edelsteine, über Gebirge mit feurigem Schneefall, auf geheimnisvollen Wasserläufen, durch die Klüfte der Berge, in einem tauchenden Gefäß in die Tiefen des Meeres, in einem mit Greifen bespannten Fahrzeug in die Höhen des Himmels & schließlich, was uns das wichtigste ist, bis an's Ende der Welt, wo er in einem feierlichen Hain das redende Baumpaar, den Sonnen- & den Mondbaum findet, die ihm auf seine Frage die Weltherrschaft & ein frühes Ende verkündet. Die beiden kosmischen Bäume werden mit einem großen Aufwand von Phantasie geschildert."*

In der Folge malt Alfred Bassermann das Bild vom Lichtgott, der *„niedersteigt um sich mit der Erde*

oder der irdischen Frau zu vermählen, er über die Krone des Baumes den sterngestrickten Weltmantel breitet & sich so das Brautgemach baut für die Götterhochzeit, die Theogamie". Diese Götterhochzeit findet sich auch in den religiösen Vorstellungen Ägyptens mit der Vermählung von Osiris und Isis. „Die Götterhochzeit wird dann ... auf einen gottgesandten König angewendet ... So leiten ägyptische Dynastien ihren Stammbaum auf den Sonnengott Ammon-Ra [hier ist wohl der alt-ägyptische Gott Amun-Re gemeint] zurück, der einer sterblichen Königin beiwohnt & in dessen Sohn sich dann Horus manifestiert als segenspendender Wohltäter des Landes. Horus ist „die Frühlingssonne des Jahres & des Weltenmorgens & als solches wird er ebenfalls gefeiert. Das Jahresfest seiner Zeugung wird um die Frühlingstag- & Nachtgleiche begangen. ... Das Fest seiner Geburt an der Wintersonnenwende. Am Abend des 24. Dezember versammeln sich hier Gläubige. In einem Festzug wird die Statuette eines Knäbleins voraus-getragen, der mit der aufgehenden Sonne mit dem Freudenruf begrüßt wird: ‚Die Jungfrau hat geboren. Zu nimmt das Licht.'"

Das „Weltenjahr" führt Alfred Bassermann schließlich zur Astrologie: „Diese Vorstellung geht schon durch die Alten in merkwürdiger Klarheit ge-wonnenen astrologischen Erfahrung aus, dass die Gestirne sich im Verhältnis zu einander & zur Erde mehr & mehr verschieben, um schließlich wieder in die gleiche Constellation zurück zu kehren, in der sie ursprünglich standen." Alfred Bassermann beschreibt, dass schon in Babylon und in Ägypten die Astrologen zwei Cyclen betrachteten: das Sirius (Lothus)-Jahr und das Phoenix-Jahr. „Das erste bestimmt durch den Dämmerungsaufgang des Sirius, des hellsten Sterns im Himmelsbild des großen Hundes, welcher Aufgang sich durch das um ¼ Tag zu kurz bemessene ägyptische Jahr alle 4 Jahre um einen Tag verschiebt & nach 365 mal 4 Jahren, also 1460 Jahren auf seinen ursprünglichen Tag, am ersten des ägyptischen Monats Thot zurückkehrt."

Ebenso wie von der Antike war Alfred Bassermann von der nordischen Gedankenwelt fasziniert, wo die Esche als Stütze des Weltalls gilt. Ihre „Wur-zeln streckt sie aus, nach dem Land der Riesen (Götenheim), Midhgarth, dem Land der Menschen, & nach dem nebeligen Schattenheim (Nifelheim). Ein Adler nistet auf ihr, wie der Sonnengott auf dem babylonischen Weltenbaum & wie der Phoenix (der Baum-Vogel) über der Palme von Heliopolis. Und an der Wurzel des Weltenbaumes in Nifelheim nagt der Drache Nidhöggu als Mahnung der Vergänglichkeit."

Auch die nordische Auffassung gipfelt in dem Gedanken des Weltunter-gangs. „Am Abend aller Tage naht die Götterdämmerung. Die Verderbnis der Menschen nimmt überhand", der ungeheure Finnen-Winter bricht ein und eine riesige Hitzewelle zerstört gleichzeitig die Regenbogenbirke, die Weltesche bebt und die Welten stürzen ein.

„Aber auch die Germanen träumen von einer Welterneuerung: In neuem Grün steigt die Erde aus der Flut empor."

Nach einem Exkurs in die germanische Götterwelt beschäftigt sich Alfred Bassermann mit der christlichen Religion, die auch dem Baum-Kultus einen großen Raum einräumt. *„An den Baum der Erkenntnis im Paradies des alten Testamentes anknüpfend bildet sich die anmutige tiefsinnige Sage, wonach der Sohn Adams Seth, als sein Vater zu sterben kam, zum Paradies zurückkehrte, um dort einen Tropfen Öls der Barmherzigkeit für seinen Vater zu erbitten. Der Erzengel an der Pforte versagt ihm zwar diesen, gibt ihm aber einen Sproß von dem Baum der Erkenntnis mit dem Bedeuten, daß wenn der neue Baum Frucht trage, die Schuld gesühnt werde, die durch die Frucht des Paradiesbaums in die Welt gekommen sei. Das Reis wird auf Adams Grab gepflanzt, & der Baum, der daraus ersprießt bleibt fruchtlos, bis sein Holz zu dem Kreuz verwendet, den Erlöser zu tragen hat, & dieses ist die verheißene Frucht der Versöhnung."*

Interessant und überraschend ist auch die Spur, die Alfred Bassermann in das ferne Indien aufzeigt, *„wo der fromme Priesterkönig Johannes sein mit märchenhaften Schätzen ausgestattetes Reich besitzt; ein unverkennbarer Sproß des Oannes-Ka, des Gottes der untergegangenen Sonne, des Herrn aller Edelsteine & alles verborgene Gefunkels. Ein Kreuzfahrer mit seinen Gefährten bekommt von dem König den Baum des Seth … gezeigt. Er ist wunderbar an Größe & Schönheit, mannigfaltig an Farben, dicht belaubt, reich an Früchten, von Vögeln aller Art belebt, von süßem Klang des Blätterrauschens & der Vogelstimmen & von herausragendem Blütenduft. Der Priesterkönig hatte ihnen verboten, den Baum zu überschreiten. Einer, der älteste der Genossen, mißachtete das Verbot, & als er jenseits des Baumes war, rief er entzückt den Zurückgebliebenen zu, welch wonnevolle Räume er vor sich sehe & damit entschwand er ihnen auf Nimmerwiedersehen. Es ist der Zug des Entzückt werdens in der Ferne, der hier sich mit unserem Wunderbaum verbindet."*

Gegen Ende seiner Ausführungen fasst er seine Forschungen zusammen: *„Es ist erstaunlich, mit welchem sicheren Gefühl die schaffende Phantasie von Sage alle hauptsächlichen Züge des Sonnen-Mythos zusammengetragen hat, um den einen Liebling damit zu schmücken. Und als Grundgedanke tritt immer wieder hervor der strahlende segenspendende Held, dessen Ziel & Heimat ein Garten der Wonnen mit einem herrlichen Baum ewiger Verjüngung, in endlose Ferne entrückt & nach langer Abwesenheit heimkehrend, als heißersehnter Retter aus höchster Not."*

„Zu einer allgemeinen Sitte hat sich der Weihnachtsbaum überraschend spät entwickelt. (Viel weiter hinauf reicht der Christblock, die Sitte, ein mächtiges Scheit Holz, meist einen Wurzelstock, auf dem Herd feierlich zu entzünden, & wenn er angebrannt ist, mit Wein oder Öl auszugießen & als heilkräftig & Schaden abwendend sorgfältig aufzubewahren bis zur Sommersonnenwende, wo er im Johannisfeuer dann verbrannt wird."

„Das Geburtsfest Christi wurde nachweislich seit dem Jahre 354 am 25. Dezember im Abendland gefeiert, während im Orient ... der 6. Januar als solches begangen wurde. Als früherer Schmuck des Weihnachtsfestes schon in Bethlehem & Rom finden wir die Krippe, den Jesusknaben in Windeln, die jungfräuliche Mutter, den Zimmermann Josef, die Hirten, bald auf einem bühnenartigen Aufbau, bald in einer Höhle geborgen, die Welthöhle. ... Diese Krippen wurden später (10. Jahrhundert) lebendig in den Krippenspielen, die sich an den Festgottesdienst anschlossen, von Geistlichen als Schauspieler agiert, & zu Weihnachtsspielen mit der Anbetung von Hirten & Weisen aus dem Morgenland ... erweitert." „In den Paradiesspielen gewinnt dann auch das Kreuzesholz wieder Leben & sichtbares Dasein als neugepflanzter fruchttragender himmlisch nährender Paradiesbaum inmitten der erlösten Menschheit Gestalt. ... Sonderbarer Weise tritt dieses Baumsymbol in den folgenden Jahrhunderten wieder mehr in den Hintergrund, wenigstens finden wir ihn durch lange Zeit nicht erwähnt. Zum 17. Jahrhundert taucht wieder eine Spur von ihm auf, bezeichnender Weise eine ihm nicht wohlwollende. Ein Straßburger Professor eifert gegen den Weihnachtsbaum, der mit Puppen & Zuckerwerk behängt & dann abgeplündert ... Chodowiecki in seinem Weihnachtsbild des 18. Jahrhunderts kannte den Christbaum noch nicht, sein reich mit Gaben besetzter Tisch ist nur von hohen Kerzen überstrahlt."

Obwohl sich in Goethes Jugend wieder „Keime" des Weihnachtsbaums finden, wird der Brauch des Weihnachtsbaums erst nach dem Freiheitskrieg „mit dem Wiedererwachen der ehrfürchtigen Liebe zu der Väter Weise & einer tiefgründigen Frömmigkeit" lebendig, „um dann im Lauf des 19. Jahrhunderts mehr & mehr zu erstarken".

„Der Weihnachtsbaum mit seinen glänzenden Lichtern, mit seinen Äpfeln & goldenen Früchten & Gebilden süßen Backwerks, mit dem Abbild des göttlichen Kindes im Gezweig der Tanne & dem Stern der Verheißung auf den immergrünen Wipfel, er vereinigt in sich wahrhaft die letzten Rätselträume der Menschheit, wie sie seit 1000 & abertausend Jahren ihre Seelen durchzogen, & die höchsten religiösen Gedanken, zu denen sich die Menschenseele im Laufe ihrer Entwicklung klarer & klarer emporgerungen."

Sprachbeobachtungen

Alfred Bassermanns Interessensspektrum war breit gefächert. Er war durch seine Beschäftigung mit den Werken der Weltliteratur universal gebildet und gilt durch seine tiefe Verbundenheit mit Italien, seiner Kultur und seiner Sprache als Kosmopolit. Trotz aller Weltoffenheit war er dennoch sehr heimatverbunden und interessierte sich für den heimischen Dialekt, gepaart mit den Sagen und Redensarten seiner Heimat. Eine ganz eigentümliche wissenschaftliche Arbeit entstand aus dem Zusammenspiel dieser Leidenschaften. Im Jahr 1910 stellte er ein Wörterbuch der Gaunersprache zusammen, wobei ihm auffiel, dass viele Ausdrücke direkt aus dem Hebräischen oder dem Rothwelschen[85] kommen. Eine Auswahl mag dies belegen:

Beducht =	geheim
	(jetzt mehr „sachte",
	„bescheiden")
Caporen =	umbringen
	(jetzt „er ist capores")
Diwweren =	schwätzen
Fechten =	betteln
Fuchs =	Gold (Stück)
Galgennägel =	gelbe Rüben
Kannt =	Kundschafter
	(falscher Kerl)

Originalschrift von Alfred Bassermann über die „Gaunersprache".

---

85 Rot(h)welsch, auch deutsche Gaunersprache genannt, ist ein Sammelbegriff für sondersprachliche Ausdrucksweisen, die seit dem späten Mittelalter von gesellschaftlichen Randgruppen verwendet wurden. Zu dieser Gesellschaftsgruppe zählten etwa Bettler, Vagabunden und Menschen, die keinen ‚ehrlichen' sprich gesellschaftlich anerkannten Berufen nachgingen – also Gauner waren.
Die Silbe ‚Rot' kann mit der Bedeutung ‚Bettler' erklärt werden. Heute kennen wir das Wort ‚Rotte' = Bande. Die Silbe ‚welsch' hatte im Mittelhochdeutschen die Bedeutung ‚fremdartig' und findet heute noch im Wort ‚Kauderwelsch' Verwendung.

Keilen =	schlagen[86]
Kohlen	= erzählen[87]
Makkes	= Schläge (Mackes bekommen)
Massematte	= Handel
Mokum	= Stadt (Neckar-Mokum = Mannheim)
Moren	= Furcht (Mores haben)
Rewwing	= Gewinn
Schicksel	= Mädchen
Schmorchen	= Tabak rauchen
Schmußerei	= Gespräch
Schode	= Narr
Schofel	= schlecht
Stecken	= sagen (er hat's ihm gesteckt)

Auch Redensarten wurden von ihm beobachtet
und schriftlich festgehalten.

„Sodele" sagte die Leibolden.

„Mannheimer Redensart, mitgeteilt von der Näherin Babette Gerlach.
Frau Leibold war eine Metzgersfrau an der Dragonerkaserne, bei der die
Soldaten ihr Nachtessen kauften. Sie spielte die Leutselige, und wenn sie
den Aufschnitt auf die Waage legte, so drückte sie leise drauf und sagte
freundlich dazu ,Sodele'. Einer, der sie durchschaute, daß sie damit dem
Gewicht etwas nachhelfen wollte, gab ihr darauf zur Antwort: ,Ich will kein
Sodele, ich will Schwartemage.'"

Originalabschrift „Sodele".

---

86   vgl. heute: ,Keilerei' Anm. d. Verf.
87   vgl. heute: ,jemanden verkohlen' = zum Besten halten, Anm. d. Verf.

Marionetten- und Theaterstücke

Alfred Bassermann war ein mannigfach begabter Mann, der neben den anspruchsvollen Forschungsarbeiten über Dantes Werk auch mehrere Marionetten- und Theaterstücke wie „Die Georgsschmiede", „Ogiers Wiederkunft"[88], „Die guten Kameraden" und „Die blaue Blume" verfasste. Insgesamt waren es fünf Puppenspiele, die jedoch nicht alle veröffentlicht wurden. Er schreibt 1908 mit Begeisterung:

Das Marionettentheater von Alfred Bassermann und Marionetten an der Stange. (Stadtmuseum Schwetzingen)

„Die Kinder spielten auf dem Haustheater,
Und ich versah das Amt des Intendants
Der Beifall schwoll. Es lohnte den Berater
Die kleine Schar auch mit ‚nem Del'schen[89] Kranz.
Von Eifer glühend hat mir ein kleines Mädel
Den leichtverdienten Lorbeer aufgesetzt
Auf meinem Schreibtisch liegt ein Totenschädel
Von alten Zeiten her. Der trägt ihn jetzt.
Doch seh ich solches Ruhmeslaub sich weben
Ernst um die Wölbung her von dürrem Bein,
So läch'l ich still: Die Welt wird Dir es geben,
Wenn Deine Stirn wird wie diese sein."

Auf den allerersten Blick scheinen sich diese Stücke in die „leichte" Literatur einzureihen. Doch bei näherer Betrachtung sind sie äußerst tiefsinnig und lehrreich. Dem damaligen Zeitgeist entsprechend wurden die Stücke mit kunstvoll gefertigten Marionettenpuppen im eigens gebauten Puppentheater im Wohnhaus der Familie aufgeführt. Es existierte dort sogar ein eigenes Theaterzimmer.

Die Tatsache, dass Alfred Bassermann auch Theaterstücke schrieb, hat einen für uns heute sehr interessanten Ursprung. Wurde das „Hoftheater" ursprünglich an den Höfen und für die höfische Gesellschaft aufgeführt, so wurde es im Verlauf des 19. Jahrhunderts durch das „Stadttheater" ersetzt. Es gehörte zum „guten Ton", auf Gebieten der Literatur, Musik und Kunst bewandert zu sein – und vor allem das auch zu zeigen. Durch den steigenden Einfluss der bürgerlichen Kultur auf das gesellschaftliche

---

88   Die Theaterstücke ‚Die Georgsschmiede' und ‚Ogiers Wiederkunft' wurden nicht aufgeführt.

89   Alfred Bassermann spielt hier auf den Mythos an, nachdem im Delos die Helden mit einem Efeukranz geziert wurden.

Leben änderten sich auch die Themen der Bühnenstücke und handelten vom bürgerlichen Alltag. So wurden die gute Stube und der Salon zu Bühnen, auf denen Gastgeber und Gäste ihre Auftritte inszenierten und private Theaterstücke, Scharaden und Hauskonzerte aufführten. Das Theater hielt auch in die Kinderzimmer Einzug, eine Tradition, die bis ins 18. Jahrhundert zurückreicht.

So findet sich Alfred Bassermann als Autor von Puppenstücken für Kinder in erlauchter Gesellschaft, wenn man den Bogen zu Goethes Erinnerungen spannt. Auf dem Dachboden des großelterlichen Hauses schlummerte ein Puppentheater, dem Goethes Eltern Mitte der 1750er Jahre einen festen Platz im Giebelzimmer des Frankfurter Hauses zuwiesen. Aber nach dem Motto „delectare et prodesse" (erfreuen und nützen) war der Hintergedanke versteckt, durch das Puppenspiel Kompetenzen wie freies Sprechen, Kreativität, Gedächtnisleistungen und Selbstbeherrschung zu fördern.

Die gezeichneten Haupt-figuren auf dem Münchener Bilderbogen (Nro. 871) aus „Die guten Kameraden":
V.l.n.r.:
Spinnweb,
Bohnenblüth,
Motte und
Senfsam.

Die guten Kameraden

Es handelt sich hier um ein Märchen in drei Aufzügen. Alfred Bassermann hat dieses Theaterstück nach einer Erzählung der Münchener Bilderbogen (Nro. 871) geschrieben und im Januar 1886 fertiggestellt. Die Theaterstücke wurden von seinen Kindern aufgeführt, die mit großem Stolz ihre wunderschönen Kostüme trugen. Später lernten seine zum Teil heute noch lebenden Enkelinnen die Stücke auswendig und gaben den kunstvoll gearbeiteten Marionetten ihre Stimmen. Eine Besonderheit, die das Theaterstück herausragend macht, sind die beiden Lieder, die von Alexander von Dusch, einem Schwager Alfred Bassermanns, komponiert wurden. Sie wurden am Anfang und am Ende des Stücks gesungen. Die Kulissen wurden von Otto Knaus, Hofmaler in Schwetzingen, und seinem Schwager, dem Maschinisten Karl Baumann, hergestellt. Der Szenenwechsel zwischen den einzelnen Akten war so schwierig, dass längere Zwischenakte eingeschoben werden mussten.

Der Zuschauer oder Leser wird in den Bann der Erlebnisse gezogen, welche die sieben Protagonisten Senfsam, Bohnenblüth, Spinnweb, Motte, der Schmetterlingskönig, Spinne und der Mond bestehen müssen. Nachdem sich alle Darsteller vorgestellt haben, geben sie ihren Beschluss bekannt:

Sie wollen in die weite Welt hinaus und Abenteuer erleben, weil es zu Hause zu langweilig ist, und singen:

> *„Wir ziehen in die weite Welt,*
> *Weil's uns zu Hause nicht mehr gefällt.*
> *Zu Hause gab es nichts zu seh'n,*
> *Und in der Welt ist's doch so schön;*
> *drum wollen wir jetzt wandern*
> *von einem Ort zum andern."*
> (1. Akt, 1. Szene)

Marionette Bohnenblüth.

Alfred Bassermann wollte mit diesem Theaterstück nicht nur unterhalten, sondern auch Werte vermitteln – und zwar in einer sehr unaufdringlichen Art, was Kinder uneingeschränkt nachvollziehen können. Es ist rührend, wie einfühlsam Alfred Bassermann die Beschwernisse der Wanderschaft kindgerecht und vor allem nachvollziehbar beschreibt, wie Bohnenblüth, Spinnweb und Senfsam vom Wandern müde werden:

> *„Jetzt bin ich aber müd gelaufen*
> *und muß mich einmal hier verschnaufen.*
> *Mich drückt der linke Schuh. O weh!*
> *Ich hab' eine Blas' am großen Zeh."*
> *„Da setz ich mich auch zu Dir her,*
> *mein Bündel wird mir gar zu schwer."*
> *„Die Sonne brennt auch gar zu heiß!*
> *Mir steht schon auf der Stirn der Schweiß.*
> *Dort seh' ich eine schattge Stelle.*
> *Da könnten wir ein Weilchen rasten."*
> (1. Akt, 1. Szene)

Während Spinnweb, Senfsam und Bohnenblüth ausruhen, flattert Motte umher. Da entdecken die drei den Schmetterlingskönig in seinem Rosenwagen, der von Schmetterlingen gezogen wird. Von der Schönheit der Motte fasziniert, lädt der Schmetterlingskönig sie ein, seine Königin zu werden.

Weil Motte in den Königswagen steigt ohne sich zu verabschieden, ist Spinnweb so traurig, dass er nicht mehr mit den anderen weiterwandern will. Beim Einschlafen unter einem Pilz und mit Moos zugedeckt machen sich Senfsam und Bohnenblüth um Motte Sorgen.

Marionette Senfsam.

Zu Beginn des 2. Akts wird es aufregend: Die hungrige Spinne kommt aus ihrer Höhle, um ihr Netz aufzuspannen, was Bohnenblüth wegen ihrer Eitelkeit zum Verhängnis wird:

> „Senfsam ist in den Wald heute morgen,
>   um uns für ein Mittagessen zu sorgen.
>   Er hat mir zwar strenge aufgetragen,
>   mich nicht so weit in den Wald zu wagen.
>   Doch wird mir gar zu lang die Zeit.
>   Und dann – ich geh ja auch nicht weit.
>   Will mir nur dort ein paar Blumen pflücken, ...“
> (Erblickt das Netz)
>   „Was hängt denn nur an jenem Baum?
>   Das glitzert ja wie Silberschaum.“
> (Tritt näher)
> „Und wie das Gewebe so zart und fein!
> Das müßt ein schönes Kleidchen sein.
>   Ich will's einmal herunterlangen.“

Marionette Spinne.

Die Spinne lässt sich jedoch nicht erweichen, Bohnenblüth verspeisen zu wollen. Mit allerlei Geschenken soll das verhindert werden.

Geschickt bindet Alfred Bassermann die Zuschauer in das Geschehen ein. Senfsam sucht Bohnenblüth ganz verzweifelt und berichtet, wen er auf seiner Suche schon befragt hat und schluchzt:

> „Wer weiß Rat? Ich finde keinen.
>   Ach, da möcht man wirklich weinen.
>   Doch was hilft mir all mein Klagen.“

Im 2. Akt spielt Alfred Bassermann ganz subtil mit dem Hinweis auf männliche Tugenden und kindlichen Gehorsam.

Nachdem der gute Mond berichtet hat, dass die Spinne Bohnenblüth gefangen hat, nimmt Senfsam allen seinen Mut zusammen und kann die Spinne töten:

> „Nun, dich wollen wir schon kriegen,
>   wenn Du noch so grimmig wild.
>   Jetzt nur schnell noch Helm und Schild
> (Macht sich aus Glockenblume und einem Blatt Helm und Schild)
>   daß ich wie ein Rittersmann

Marionette Mond.

mit der Spinne fechten kann.
(Gegen die Höhle)
Spinne, komm aus Deinem Haus,
Gib mir Bohnenblüthchen raus!"

Für die zuschauenden Kinder kommt die Erleichterung, dass Senfsam sich nicht unterkriegen lassen will.
    Und nach der Rettung verspricht Bohnenblüth, von nun an immer folgsam zu sein.

Im 3. Akt kommen Senfsam und Bohnenblüth an einem Schnecken-haus vorbei und finden dort Spinnweb, der es nicht verwinden kann, dass sich Motte ohne Abschied den Versprechungen des Schmetter-lingskönig folgend in den Wagen locken ließ. Er ist ganz mutlos:

„Ihr wißt es ja, ich siedle ein.
Ich mag von der ganzen Welt nichts wissen
jetzt ist mir auch noch mein Röckchen zerrissen.
Das fehlte mir gerade noch.
Und drum ich in das Häuschen kroch.
Da sitz' ich und hab' mein Hütchen auf
bis daß sich endet mein Lebenslauf."
(3. Akt, 2. Szene)

Marionette Spinnweb.

Nachdem Bohnenblüth ihm ein neues Kleid gemacht hat, fasst Spinnweb wieder neuen Mut. Und da kommt die Motte („... ohne Flügel und mit zer-schlissenem Kleid. ...") Motte erkennt, was sie falsch gemacht hat:

„Ach ja! Mir geht es herzlich schlecht.
Doch eigentlich geschah' mir's recht,
weil ich mit so leichfertg'em Sinn
von euch, Ihr Lieben, gegangen bin.
Der Schmetterlingskönig, sein buntes Heer,
die Blumenschlösser sind all' nicht mehr.
Der böse Frost hat in einer Nacht
der Herrlichkeit ein Ende gemacht.
Nur ich bin am Leben geblieben von allen,
Doch auch mir sind die Flügel abgefallen.
Mein Hochmut liegt auch dort begraben.
Sagt, wollt Ihr mich jetzt wieder haben?" ...
Spinnweb: *„Und ob ich will! ..."*

Marionette Motte.

In der Antwort von Bohnenblüth zeigt sich erneut Bassermanns erzieherisches Anliegen:

> *„Nun hört einmal, Ihr lieben Kinder.*
> *Ihr wißt, durch Schaden wird man klug*
> *und wir hatten alle schon Schaden genug.*
> *Ich mein, es wäre an der Zeit,*
> *daß wir jetzt denken an den Winter,*
> *wenn es hier draußen friert und schneit.*
> *Die Sonne scheint trüb, der Wind geht kalt,*
> *Die Blätter welken schon im Wald.*
> *Wir wollen uns für ein Nestchen sorgen,*
> *Wo warm wir sitzen und geborgen."*

Die Gruppe findet in einer alten Buche einen geeigneten Platz zum Überwintern.

Marionette Schmetterlingskönig. (Alle Fotos der Marionetten: Stadtmuseum Schwetzingen)

> *„Und wenn es draußen stürmt und schneit,*
> *vertreiben wir uns mit Märchen die Zeit.*
> *Da machen wir fest die Türe zu*
> *und sitzen drin in behaglicher Ruh'*
> *und denken uns alle vier dabei,*
> *daß es nirgends so schön wie zu Hause sei."*
> (Wie sie alle oben sind, schauen sie nebeneinander zum Astloch heraus
>   und singen)
>   *„Jetzt sitzen wir traulich*
>   *in unserem Haus*
>   *und sehen beschaulich zum Fenster heraus.*
>
>   *Süd, Nord, Osten und Westen,*
>   *wir sahen die Welt*
>   *und doch uns am besten*
>   *zu Haus es gefällt."*
> (3. Akt, 3. Szene)

Die Erleichterung für die Zuschauer ist am Ende groß und die befreiende Botschaft, wie wichtig Freundschaft, Selbstkritik und Einsicht sind, beendet das Theaterstück.

Die blaue Blume

Der Titel des Theaterstücks „Die blaue Blume" lässt vermuten, dass die
Sehnsucht nach Liebe und Glück hier ebenso thematisiert wird wie in
vielen Liedern und literarischen Werken dieser Zeit, in denen die blaue
Blume vorkommt. Es scheint zwangsläufig, dass ein gebildeter Mensch
wie Alfred Bassermann dieses Thema aufgreift.[90]

Aber bei den ersten Szenen des Theaterstücks wird man an das Märchen
vom Schneewittchen und den sieben Zwergen erinnert.

Beide Vermutungen passen – wenn auch auf eine ganz unerwartete
und bezaubernde Art.

Alfred Bassermann war von seinem Stück so überzeugt, dass er dieses
zur Prüfung an die Intendanz des Goßherzoglich Badischen Hoftheaters
sandte und am 15. März 1891 von dort Rückmeldung
bekam. Der Dramaturg des Hoftheaters dankte ihm
für die Zusendung und bat ihn, den Text für eine
Aufführung im Hoftheater zu überarbeiten, was den
Autor sicherlich mit Stolz erfüllte. Aber aus welchen
Gründen auch immer kam es nicht dazu.

Im Januar 1954 wurde das Stück im „Haus der
Jugend" in Sinsheim nach Jahrzehnten wieder
aufgeführt.

Offensichtlich war dieses Marionettenspiel mit
einem großen Fundus an Kulissen und Puppen
25 Jahre lang nicht mehr aufgeführt worden, bis es
die Eltern der Herausgeberin hervorgeholt und die
ganze Familie Halbaur – Mutter, Vater, Töchter – so
begeistert hat, dass sie dieses Märchen von einem
bösen Zauberer, einer guten Fee, deren schöner
Tochter und einem mutigen Königssohn erneut
aufführten.

Alfred Bassermann konzipierte sein Theaterstück
so, dass es auch für Kinder verständlich war. Wie
einfühlsam er dies machte, soll in ausgewählten
Auszügen gezeigt werden.

Die Personen, die im Zaubermärchen in fünf
Akten mitspielen:

*Die Eltern der Herausgeberin
lasen den Text vor und ihre
Kinder bewegten die Marionetten dazu.*

---

90   Bereits in Kapitel V „Reisen nach Italien" finden wir in dem Gedicht mit dem
      Titel ‚Glück', das Alfred Bassermann 1897 schrieb, den Hinweis auf die blaue
      Wunderblume.

Personen.
Fee Clorinde
Rosenkönigin
Zauberer Morolt
König Dagobert
Königin Fredegunde
Prinz Kurt
Prinzessin Waldrade
Jäger Klaus
Specht
Schürfequarz } Drei Zwerge
Mausöhrle
Gefolge. Spuck-Erscheinu

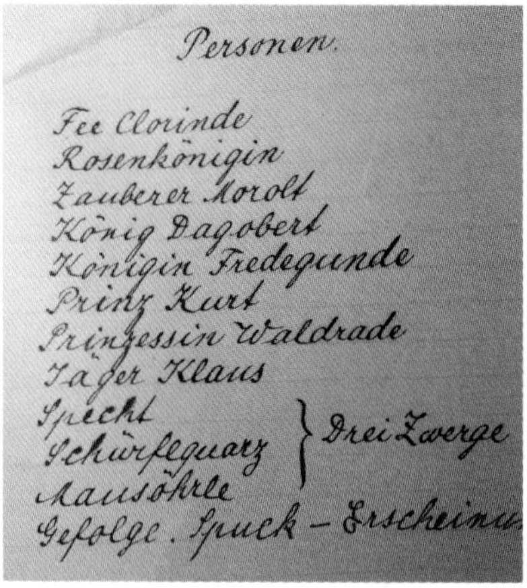

- Fee Clorinde
- Rosenkönigin
- Zauberer Morolt
- König Dagobert
- Königin Fredegunde
- Prinz Kurt
- Prinzessin Waldrade
- Jäger Klaus
- Specht – Zwerg
- Schürfequarz – Zwerg
- Mausöhrle – Zwerg
- Gefolge/Spukerscheinungen

Die blaue Blume.
Zaubermährchen in 5 Aufzügen.

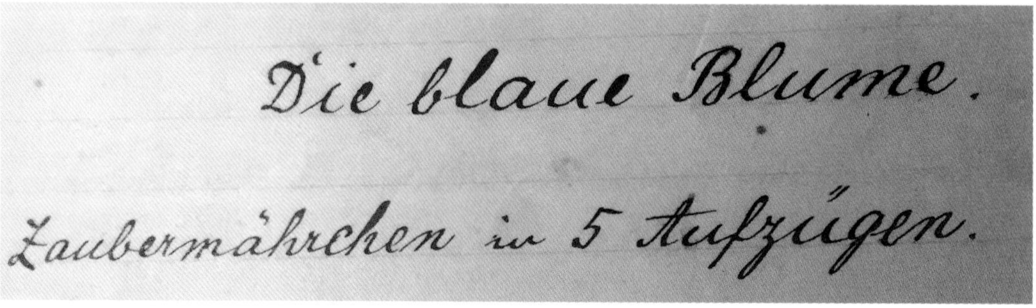

II. Akt, 1. Scene

(Wald. Hinten rechts hohler Baum. In der Mitte Felsenspalte. Vorne links Schneckenhaus. Vorn rechts roter Pilz.)

Drei Zwerge Specht (im Baum)
Schürfequarz (in der Felsenspalte)
Mausöhrle (im Schneckenhaus)
Mausöhrle (guckt raus)
„'s ist vor Langeweile nicht auszuhalten!
Da sitzen sie in Löchern und Spalten,
Und wagen kaum ein Glied zu rühren,
Wenn sie von Ferne nur den Zauberer spüren.
Seit Schürfequarz nun heimgebracht,
Daß er wieder die Gegend unsicher macht,
Da ist's ein ewiges Zittern und Bangen
Und mit Keinem was Rechtes anzufangen.
He! Was gibt's Neues, Meister Specht!"
Meister Specht (guckt aus dem Baum)
„Was Neues, Mausöhrle? Die Zeiten sind schlecht,
Seitdem sich unsre Fee geflüchtet

Ist man von nichts mehr unterrichtet
's traut sich ja keiner mehr vor's Haus;
Man lebt ja wie 'ne Fledermaus
Und wenn man nicht grade selber was sieht
Erfährt man gar nicht, was nur geschieht."
Schürfequarz (guckt aus der Felsenspalte)
„Ja, Meister Specht, so ist's wie Ihr sagt,
Man weiß bald nicht mehr aus und ein.
So schafft' ich heut früh an des Baches Gestein,
das gar zu toll die Flut zernagt,
Da kam daher auf schimmernden Wogen
Auf einmal die Rosenkön'gin gezogen,
Und wer glaubt Ihr, daß bei ihr war?
Prinz Kurt mit seinem lockigen Haar!
Ich hörte nur: ,Ins Rosenland'
Und um die Biegung der Zug verschwand.
Für's Leben gern hätt' ich gewußt
Was unsres Prinzen Fahrt bedeutet,
Hätt' sie auch wohl ein Stück begleitet,
Doch heutzutage fehlt einem die Lust.
Der Morolt sitzt einem immer im Nacken
Und sucht einem, wo er nur kann, zu zwacken!
Und wird nicht müde einem zu schinden,
weil wir noch hängen an Fee Clorinden.
Daß auch die Gute von uns schied!"
Mausöhrle
„Ach Ja! Die schöne gute Clorinde!
Wo mag sie jetzt weilen mit ihrem Kinde,
Dem lieben Ding; 's ist wirklich ein Jammer!
Sie tut einem in der Seele leid.
Weiss Gott, 's ist eine böse Zeit –
Und nicht eine Nuss in der Vorratskammer"
Schürfequarz
„Mausöhrle! Ich hab' Dir's immer gesagt,
Du sollst Dir für grösseren Vorrat sorgen.
Doch Vorsicht hat Dir niemals behagt.
Jetzt willst Du wohl wieder bei uns borgen?"
Mausöhrle
„Nein! Gott behüte mich im Himmel!
Ich tu's nicht mehr in meinem Leben.
Denn was ihr neulich mir gegeben,

Zwei Holzäpfel und drei Nüsse voll Schimmel
Hat mir gar wenig Lust gemacht!
Ich hab sie kaum hinunter gebracht."
Specht
„Ja, wer mit dem Bettelsack kommt gegangen,
Der kann keine Pommeranzen verlangen!"
Mausöhrle
„Drum hab' ich ihn auch an den Nagel gehangen.
Doch weil's eine gar zu gute Frucht,
Hab' ich mir selber Pomm'ranzen gesucht."
Schürfequarz
„Nun hört einmal den Lügenbast!"
Mausöhrle
„Ich brach sie mit diesen Händen vom Ast."
Specht
„'s ist doch ein rechter Schindelpeter!"
(wirft jedem eine Orange zu)
Mausöhrle
„Da, esst! Dann glaubt es wohl ein jeder!"
Schürfequarz
„Wo hast Du denn die nun wieder gestohlen?"
Mausöhrle
„Im Königsgarten sind sie zu holen."
Specht
„Du bist der ew'ge Übermut.
Gib acht, schlimm wird's noch einmal enden."
Mausöhrle
„Für etwas war's auch diesmal gut,
Oder lässt sich doch zum guten wenden.
Hört einmal an und gebet acht,
Was ich dort in Erfahrung gebracht.
Zum Garten kam ich beim Frührotschein
Und schlich durch ein Loch in der Hecke hinein.
Die Bäume hingen so voll gerüttelt!
Ich hab' mit dem Wind um die Wette geschüttelt
Und dann mich darüber hergemacht.
Erst füll' ich mir sorglich alle Säcke
Dann sucht ich mir eine stille Ecke
Um mir gleich einmal gütlich zu tun
Und von der Reise mich auszuruhn."
Schürfequarz

„Bis jetzt kam noch nicht viel Gefährliches vor."
Mausöhrle
„Pass auf! Jetzt kommt es; spitz nur Dein Ohr!
Wie ich so in dem Busche sass,
Und meine Pommeranzen ass,
Sah ich auf einmal die Königin
Mit Jäger Klaus des Weges kommen
Und hab' in meinem Busche drin
Ein wunderlich Gespräch vernommen.
Weil sie sich oft zur Seite wandten,
Hab' ich nicht alles zwar verstanden.
Doch war die Red' von schlimmen Dingen
Und dessen kann kein Zweifel sein,
Die Königin schärfte Klausen ein,
Im Wald ein Mägdlein umzubringen!"
Schürfequarz
„Du bist ein alter Lügenbund."
Specht
„Mausöhrle, Du tatst Dich gewiss verhören."
Mausöhrle
„'S ist ganz gewiss! Ich kann's beschwören.
Und Mausöhrle heiss ich mit gutem Grund.
Ich hab' es klar und deutlich gehört,
Sie sagte, er müsse das Mägdlein töten
Und Jäger Klaus tat erst verstört,
Doch liess er sich schliesslich überreden.
Nun glaubt's oder nicht, mir gilt es gleich,
Ich will schon allein den Klausen fassen
Und spiele ihm einen so gründlichen Streich,
Dass er künftig soll das Umbringen lassen."
Specht
„Mausöhrle, nur nicht so obenhinaus,
Wir wollten's schon glauben und stehen Dir bei,
Und nehmen wir ihn dazwischen, wir drei,
Dann kannst Du Dich freuen, mein Jäger Klaus!"
Schürfequarz
„Schnell, schnell, Mausöhrle, Meister Specht!
Dort kommt ein Jäger, seh' ich recht!"
Mausöhrle
„Ja, Jäger Klaus ist's dumm und gross,
Duckt alle unter! Jetzt geht's los!" (alle ducken unter)

2. Scene

Klaus (kommt mit Bogen, Hirschfänger, Jagdtasche
und Schnapsflasche, der er öfters zuspricht)

„Es kommt und kommt mir kein Entschluss!
Dass mir nur so etwas passieren muss!
Warum ist's aber auch gerade
Die kleine herzige Waldrade!
Hätt's nicht auch heißen können: ,Klaus,
Bring mir die Tatzen des Bären nach Haus,
Der unserm Schäfer vor drei Tagen
Das weisse Lämmlein davon getragen.'"

(trinkt)

„Und Kinderspiel hätt' mir's geschienen,
Mir solches Schussgeld zu verdienen.
Aber der armen Waldrade Kopf!
Brrrr! 's ist eine ganz verhexte Geschichte,
Wenn ich nur wüsste, wie ich's richte!
Ich bin ein recht geplagter Tropf!"

(setzt sich unter den Baum)

„Ein ganzer Sack von Gelde schwer,
Wenn's am Ende doch ein Hexe wär!"

(trinkt)

„Wir haben, wie einen Stecknadelkopf
Den Prinzen gesucht; das ist keine Frage
Verschwunden ist er, das liegt am Tage"

(trinkt)

„Und Waldrade war bei ihm in letzter Stunde"

(trinkt)

„ 'S ist sicher, dass sie 'ne Hexe ist
Voll Tücke und voll Hinterlist!
Und überdies muss ein Diener gehorchen!
Dass kein Unrecht gescheh', sind des Herren Sorgen."

(trinkt – betrunken)

„Was also besinnen?! Den Kopf herunter,
Du machst Dir unnötige Sorgen, Klaus!
Jetzt leg' ich mich hin und schlafe aus
Dann geht's auf die Birsche, frisch und munter."

(legt sich hin und schläft ein)

In der dritten Szene beraten die Zwerge, wie sie den Tod des Mädchens
verhindern können. Mit viel Fantasie und Witz wird ein Plan entwickelt:

„Ja, dem stellen wir ein Bein!"...
„Seht einmal den großen Bogen
Und die Pfeile all dazu,
Wenn so einer kommt geflogen
Hat die liebe Seele Ruh."...
„Seht einmal das Schlächtermesser
Mit der Klinge breit und scharf?
Weh! wen solch ein Menschenfresser
Mit dem Ding tranchieren darf!"...
„Seht einmal die Siebenmeilen-
Stiefel und das lange Bein
Mag das Kind auch noch so eilen,
Der da holt sie doch noch ein!"...
„Halt, ich hab's!
Den Bogen sägen
Sachte durch wir bis zu Mitte,
Daß vom Schuß
Er brechen muß (während des Sägens)
Glätten's sauber dann und legen
Ihn fein abwärts mit dem Schnitte"...
„Ich hab's auch!
Die scharfe Schneide
Nag'l ich mit dem Hammer fest,
Zwinge, zwinge,
Halt die Klinge
Niemand sieht, daß aus der Scheide
Sie sich nicht mehr ziehen läßt."...
„In seine Schuhe
Wird ihm Dorn an Dorn gesteckt,
Weil Dich's sticht
Kriegst sie nicht
Spürst es nicht in Deiner Ruhe
Und wirst hilflos dann geneckt."...

4. Scene

Waldrade (tritt links vorn auf, die Zwerge lauschen aus ihren Löchern)
„Ach Gott, was ist der Weg so lang!
Wo komm' ich hin? Mir wird ganz bang!
Mein lieber Kurt wo find ich Dich?
Ach, denkst Du jetzt wohl auch an mich?
Ich denke Dein, wie's immer fällt,

Und such Dich bis an's End der Welt!"

(will vorbei)

Klaus (den Bogen spannend)

„Gleich wird sich's haben!"

(der Bogen zerbricht)

„Ei der Daus!"

(steht auf)

Die 3 Zwerge (lachen, indem sie sich kurz zeigen)

Der Klaus, der Klaus, der dumme Klaus!"

Waldrade (durch den Krach aufmerksam geworden)

„Gott sei gedankt! Das ist ja Klaus!"

(geht zutraulich auf ihn zu)

„Wie bin ich froh, daß ich Dich fand,

Ich wär' vor Furcht zugrund gegangen,

O sag, wo liegt das Rosenland

Und wie kann ich dorthin gelangen?"

Klaus (kratzt sich hinterm Ohr u. betrachtet Waldrade)

„Schaut man sie an, man sollt's nicht glauben!

Zwei Augen, sanft wie die der Tauben."

(betrachtet verlegen den zerbrochenen Bogen)

„Daß auch der Teufelsbogen bricht! (auffahrend)

Der war verhext! Klaus trau ihr nicht!

Sie hext und tut sie noch so hold!

Und denk, den ganzen Sack voll Gold! (zu Waldrade)

Mein Kind, ich gebe Dir den Rat

Noch einen kurzen Spruch zu beten,

denn hör, Dein letztes Stündlein naht,

Ich bin gekommen Dich zu töten."

Waldrade (kniet vor ihm)

„Ach lieber Klaus, was ficht Dich an?

Was hab' ich Arme Dir getan?"

Klaus

„Mir tatst Du nichts. Es ist der Wille

Der Königin, den ich erfülle."

Waldrade

Der Königin? Dann bin ich verloren!

Die hat mir ja den Tod geschworen,

(senkt das Haupt)

So sei es denn, wenn es muß sein,

Leb' wohl Du lieber Sonnenschein!"

Klaus

„So Gottergeben! Das ist gescheid
Waldradchen, ,s tut mir selber leid.
Doch tot will Dich die Königin seh'n
Wart nur, mein Kind, ,s ist gleich gescheh'n.
(sucht vergeblich den Hirschfänger zu ziehen)
Verfluchtes Ding, ob ich dich zieh!"
Die Zwerge
„Flieh schnelle, Mägdlein! Schnelle flieh!"
Waldrade (für sich)
„Nutz ich die Frist, die mir gegeben?
Wie lieb' ich dich du liebes Leben!"
(entwischt ab nach rechts)

5. Scene

(Die vorigen ohne Waldrade)
Klaus (will ihr nach, kann aber nur langsam hinken)
„Halt! Halt! Du Teufelsbraten, halt!
Was sticht mich denn nur an den Füssen!
Da läuft sie schon ganz weit im Wald,
Na warte, Hexe, das sollst Du büßen!"
(hinkend ab nach rechts)
Die Zwerge (fahren aus den Löchern, tanzen
ausgelassen umher)
Schürfequarz (dem Klaus nachsehend)
„Ha! Das wär einmal gelungen!
Seht doch nur den dummen Jungen
wie er stolpert, wie er hinkt,
Und dem Mägdlein droht und winkt."
Specht (ebenso)
„Hinke Du nur hinterdrein,
Die dort holst Du nicht mehr ein.
Doch, wenn sie so weiterrennt
Ohne daß den Wald sie kennt
Möchte' sie von den sichern Pfaden
Leichtlich in den Sumpf geraten
's könnte ein Unglück ihr geschehen,
Muß doch einmal nach ihr sehen."
(ab nach rechts)
Mausöhrle
„Schürfequarz, wir zwei inzwischen
Wollen Klausen noch eins wischen

Hetzen ihn die Kreuz und Quer
In dem Walde hin und her.
Aufgepaßt! Jetzt fang ich an!
(ruft in die Kulisse)
Jäger Klaus! Geschwind! Geschwind!
Komm doch her! Hier ist das Kind!"
Klaus (hinter der Scene)
„Ja, ich komm' schon!"
Schürfequarz und Mausöhrle (verstecken sich rechts u. links in den
Kulissen)
Mausöhrle
„Schnelle! Schnelle!" (tritt auf die Bühne)
Klaus
„Ja, ja, ja! Wo ist die Stelle?"
Mausöhrle (ferner hinter der Scene)
„Hier! Nur schnell!"
Klaus
„Ich komm' ja schon!"
Mausöhrle (wie oben)
„Eben lief sie mir davon."
Klaus
„Ja, wo ist sie denn hinaus?"
Schürfequarz (rechts in der Kulisse)
„Hier! Ich hab' sie! Hierher Klaus!
Komme schnell!"
(Klaus hinkt über die Bühne)
Klaus
„Ich komme ja!
Wo ist die Hexe?"
Schürfequarz (ferner hinter der Scene)
„Da!"
Klaus (wie oben ab)
„Ach, was muß man da nicht schnaufen!"
Schürfequarz (wie oben)
„Jetzt ist sie davongelaufen!"
Klaus (kommt zurück, ganz ermattet)
„Laß' sie laufen, ich kann nicht mehr!"
Mausöhrle (zeigt sich ihm gegenüber)
„Siehst Du wohl, nimm' Dir's zur Lehr,
Schieß nach Hasen und nach Rehen,
Und laß Kinder künftig gehen!"

Klaus (hinkt nach links)
„Wart' das zahlst Du mir, Du Wicht!"
Mausöhrle
„Nein, mein Klaus, ich warte nicht!"
(versteckt sich wieder)
Klaus (suchend)
„Ja, weiß Gott, der Knirps ist fort!"
Schürfequarz (zeigt sich rechts)
„He! was suchst Du mich denn dort?!"
(kehrt wieder um)
Klaus
„'s ist doch grad' zum Teufel holen!
Oh! was stechen mich die Sohlen,
Doch, paß auf! ich hol Dich ein!"
Schürfequarz
„Klaus! Da mußt Du hurtig sein!"
(ab, Klaus folgt ihm)
Mausöhrle (kommt wieder auf die Bühne und geht langsam den beiden
nach)
„So ist's recht! Freund Schürfequarz!
Der soll laufen, bis er schwarz.
Bis ihm gründlich das Verlangen
Nach dem Henkerlohn vergangen.
Doch, sie sind genug voraus,
An die Arbeit! Klaus! He Klaus!"
Schürfequarz u. Mausöhrle (hinter der Scene) (die Stimmen verhallen
immer mehr)
„Klaus! He Klaus! Klaus! He Klaus!"
(Die Bühne bleibt lange Zeit leer)

In der nächsten Szene erfahren die Zwerge, dass der König Waldrade ver-
bannt hatte. Ihr Bruder, Prinz Kurt, war nämlich ins Rosenland geflohen,
nachdem er gehört hatte, wie Waldrade das Lied von der blauen Blume
gesungen hatte. Da nur Feen dieses Lied hören und singen können, erkennen die Zwerge, dass Waldrade das Kind der Fee Clorinde ist, die vom
Zauberer Morolt vertrieben wurde.

Während Schürfequarz sich auf den Weg ins Rosenland macht, soll
Mausöhrle auf Waldrade aufpassen. Ihm ist aber in der Baumhöhle langweilig und es gelingt ihm, Waldrade ins Freie zu locken.

Da erscheint der Zauberer Morolt als buckliger alter Mann verkleidet.
Waldrade hat Mitleid mit dem Alten, man kommt ins Gespräch, Mausöhrle

verrät ihm das Geheimnis um Waldrade und prahlt, dass er den feigen Morolt schon vertreiben könnte.

Allein mit Morolt lässt sie sich von dem alten Mann überreden und gibt ihren Namen preis. Der Zauberer gibt sich nun zu erkennen und hält sie in seiner Gewalt:

Morolt
„Da wären wir also am rechten Platz!
Jawohl! Dich hab' ich gesucht, mein Schatz!
Hei! wird sich da die Mutter freu'n
Komm auf und mit, Du bist nun mein!"
Waldrade
„Du lieber Himmel, wie siehst Du aus!
Der Blick, die Stimme! mich faßt der Graus!
Nicht einen Schritt begleit ich Dich
Ich trau dir nicht! Ich fürchte mich!"
Morolt
„Gar mancher ist was andres als er scheint
Getrogen hat Dich nicht Dein Ahnen
Mit List und Lug mußt' ich den Weg mir bahnen
Morolt bin ich – Clorindens großer Feind!
Ihr Kleinod, Du, bist jetzt in meiner Hand
und wuchern will ich mit dem teuren Pfand."

Da Mausöhrle und der inzwischen herbeigeeilte Schürfequarz nicht allein gegen Morolts Zauber ankommen, will Schürfequarz ins Rosenland, um Specht und den Prinzen Kurt zu Hilfe zu holen.

Der IV. Akt spielt im Rosenland. Obwohl Prinz Kurt fest entschlossen ist, die Suche nach der blauen Blume nicht aufzugeben, läßt er sich durch den Bericht des herbeigeeilten Mausöhrles doch dazu überreden, seine Schwester zu retten. Mausöhrle berichtet, wie er Morolt folgte und vergeblich versuchte, die an einen Baum mit einer goldenen Schnur gebundene Waldrade zu befreien und wie sie dann zu Morolts Königsreich kamen:

Mausöhrle
„So gehen sie denn, und ich geh mit,
Ihr Schatten, leise, Schritt für Schritt,
Bis daß wir angelangt in einem Tal.
Mein Lebtag sah ich nichts gleich öd und kahl.
Jedwedes Leben schien verdorrt
An diesem schaurig düstern Ort.

Soweit das Auge reicht nur Stein und Stein,
Der armen Erde bleichendes Gebein,
Soweit das Auge reicht, nicht Busch noch Baum
Auf dem trübselig toten Raum.
Die Vogellieder sind verstummt,
Kein Käfer läuft, kein Bienlein summt,
Ja, selbst des Baches muntre Welle
Verkriecht sich scheu in dem Gerölle,
Und nur wenn man am Boden lauscht,
Hört man, wie's in der Tiefe rauscht."
Prinz Kurt lässt sich nicht von der Rosenkönigin zurückhalten:
„Was all von Menschen Glück genannt
Ist nie und nimmer gleich.
Was für den einen leerer Tand,
Das macht den andern reich!
Für mich gibt's nur ein Glück allein
Die liebe Schwester zu befrein." ...

Morolt wird von Geistern gewarnt, dass Feinde nahen. Damit die Zwerge nicht in den Zauberbann Morolts kommen, muss Kurt alleine seine Schwester befreien:

Specht
„Hier also fängt der Bann des Zaubrers an ...
Und du, mein Prinz, Du willst es wagen
Den Zauberkräften all zum Trutz
Und ohne Deiner blauen Blume Schutz
Mit Morolt dich herumzuschlagen?"
Kurt
„Nicht weiß ich, wo die blaue Blume steht,
Nicht weiß ich, wie ich zu ihr soll gelangen,
Das aber weiß ich, dort vor mir vergeht
Waldrad in schnöder Haft vor Not und Bangen;
Weiß auch, nur wenn sie mir zurückgegeben
Kann ich beglückt, ja dann nur will ich leben!"

Mit den Ratschlägen der Zwerge, sich nicht bange machen zu lassen, und einem Zauberspiegel der Wahrheit widersteht der Prinz allen Gefahren, die durch wilde Tiere und dem Chor unsichtbarerer Geister drohen. Den Dolch fest in der rechten Hand hält er mit der Linken den ungeheuren Fratzen den Spiegel hin:

„Das hast Du gut gemacht! Hab' Dank!
Mein Spiegelein, so blink und blank!
(zu den Teufeln)
Schaut, schaut Eure Fratzen,
Ihr teuflischen Katzen!
Weicht, weicht meinem Dolche
Ihr höllischen Molche!"
Da er sich auch von schönen Wesen nicht von seinem Weg abbringen lässt, erkennen die Geister:
„Weh uns! Weh, wir sind verraten!
Nichts hat verfangen, was wir auch taten.
Flieht, oh flieht
Aus dem Gebiet
Alle ihr Geister!
Jetzo bereite
Selbst Dich zum Streite
Morolt, oh, Meister!"
Kurt (schreitet weiter)
(auf dem Felsen Im Rosengarten ersteht die blaue Blume)
„Was grüßt mich dort leuchtend mit strahlendem Schein
Was füllt mir das Herz mit Entzücken?
Jetzt bist Du gefunden, jetzt bist Du mein
Laß blaue Blume Dich pflücken!"

Auch dieses Märchen endet glücklich: Der König, der unter dem Verlust seiner Kinder gelitten hat, erkennt nach deren Rückkehr die Intrigen seiner Frau, die von Morolt angestiftet, Waldrade ermorden lassen wollte und lässt sie ins Verließ werfen. Er ist bereit, Waldrade ihrer Mutter Clorinde zurückzugeben, wie er es versprochen hatte, aber Clorinde verzichtet darauf:

„Ich staune nicht ob dem, was ich vernommen
Mein Kind, ich wußte wohl, so würd' es kommen
Nur ob Du ihm in echter Liebe hold,
Prüft' ich; der harte Stein nur prüft das Gold.
Wohl Dir! Du hast solch treue Lieb' gefunden,
und redlich gabst Du Lieb und Treu zurück;
Mit starkem Band hat Unglück Euch verbunden,
So bleibt denn auch vereint in Eurem Glück."

Beginnender Zwist in der Familie

Alfreds Schwestern Wilhelmine und Pauline führten beide Tagebuch. Wilhelmines Einträge mündeten schließlich in ihr Werk „Hauschronik der Familie Bassermann" und endeten jäh durch ihren frühen Tod. Pauline indes führte Tagebuch bis 1925. In ihren Aufzeichnungen kann man verfolgen, wie sich das partnerschaftliche Verhältnis von Alfred Bassermann zu Marie zunehmend verändert hatte. Durch das schwierige Miteinander der beiden Ehepartner wurde die Situation unerträglich. Pauline von Dusch schreibt am 4. Januar 1903, dass das Verhältnis in Alfred Bassermanns Familie durch die schwierigen Familienverhältnisse immer trostloser wird. Wie sehr er darunter leidet und dennoch versucht, die Schwierigkeiten zu überwinden, kann man in Paulines Beobachtung erkennen. Manchmal ist ihr Bruder unerträglich gereizt, manchmal ist er aber dann auch wieder heiter wie ein Kind. Im Mai 1903 spitzte sich die Lage in der Familie so zu, dass er es zu Hause nicht mehr aushielt und vorläufig ins Murgtal zog. Pauline schreibt: *„Was können solch trostlose Lebensverhältnisse aus einem Menschen machen, der doch sonst wußte was er wollte!"*[91]

Auch im Verhältnis zu Alfred Bassermanns Mutter Clementine[92] kam es immer deutlicher zum Zerwürfnis. Nur zwischen den Zeilen kann man lesen, dass Alfred Bassermann wohl auf seinen Schwager Alexander von Dusch eifersüchtig war. *„Alf wird mir immer unbegreiflicher und ich fürchte, dießmal ist der Riß nicht mehr zu schließen. Und was mir früher unerträglich gewesen wäre, heute nehm ich es mit Resignation hin, weil der Mensch endlich einmal abgestumpft wird. Was er mir gewesen, mein Abgott, mein Alles – und wie habe ich immer gekämpft, damit dieß Verhältnis bleiben solle, was es war, aber es ist zu Ende. Er hat sich abgewandt, ich kann ihn nicht mehr halten."*[93] Für Pauline von Dusch liegt die Schuld für die Wesensveränderung ihres Bruders bei seiner Frau Marie.

Im Winter 1905/06 erkrankte Marie Bassermann schwer. Sie ist *„immer noch bedenklich krank. Die Venenentzündung hat sich über das ganze Bein verbreitet. Dabei ist sie sehr schwach und appetitlos."*[94] Alfred Bassermann litt sehr unter der Krankheit seiner Frau und fuhr jeden Tag ins Krankenhaus nach Heidelberg, um sie zu besuchen.

---

91   Auszug aus dem Tagebuch von Pauline von Dusch, 4. Januar 1903
92   Clementine Bassermann, geb. Sommer, 1825 – 1910
93   Auszug aus dem Tagebuch von Pauline von Dusch
94   Auszug aus dem Tagebuch von Pauline von Dusch

Ehrengrab von Clementine Bassermann in Schwetzingen und die ganze Grabanlage: Eltern Clementine und Gustav Bassermann (Mitte), Alfred und Hedwig Bassermann (links) und Wilhelmine/Mina Bassermann, Alfreds Schwester (rechts).

Der Tod seiner Mutter Clementine (1910), die Trennung und schließlich die Scheidung von seiner ersten Ehefrau Marie Scipio gingen an Alfred Bassermanns nicht spurlos vorüber.

Sein aggressives Verhalten steigerte sich immer mehr, so dass seine Schwester im Dezember 1905 schreibt: „*Es liegt immer Spannung in der Luft, wenn Alf da ist.*" Das früher so innige Verhältnis zwischen Alfred und seiner Schwester Pauline ging nach einer Auseinandersetzung in die Brüche: „*Der Mutter zu lieb und in Erinnerung an das eigene einstige schöne Verhältniß habe ich ja vieles geschluckt, aber dießmal war es zuviel. Anderst als krankhaft läßt sich eine solche Handlungsweise gar nicht erklären. Ob er das alles glaubt was er in einem solchen Augenblick sagt?*"[95]

Diese Schilderungen lassen die Befürchtung aufkommen, dass sich Alfred Bassermann in einer tiefen Depression befand, in der er sein Verhalten nicht mehr zügeln konnte.

Aber zum Glück hat sich sein Leben dann doch ganz anders entwickelt.

---

95   Auszug aus dem Tagebuch von Pauline von Dusch

Alfred Bassermanns unendliche und vertrauensvolle Liebe zu seiner zweiten Frau Hedwig

Hedwig Pfeiffer (1880 – 1927) trat im November 1902 als Erzieherin in die Dienste der Familie Bassermann ein. Als man für die Schulbildung der fünf Kinder von Alfred und Marie Bassermann eine Gouvernante suchte, beeindruckte sie bei ihrem ersten Vorstellungsgespräch die beiden sofort durch ihre Ausstrahlung und ihre weitgefächerte Bildung. Sie konnte ein breites Spektrum an Unterrichtsfächern abdecken: Französisch, Deutsch und deutsche Literatur, Englisch, Rechnen, Geographie, Geschichte und Klavierunterricht. Vor allem für Marie Bassermann gab es keinen Zweifel daran, dass sie sich optimal um die Kinder kümmern würde. Hedwig Pfeiffer war gut in die Familie integriert. Als Erzieherin der Kinder war es selbstverständlich, dass sie die Familie auch auf ihren Reisen begleitete, um die Kinder zu betreuen. Dabei schrieb sie selbst auch ein Reisetagebuch. Wie bildungshungrig und gewissenhaft sie war, erkennt man daran, dass sie sich eine Auszeit nahm, um in England ihre englischen Sprachkenntnisse zu vertiefen.

Hedwig und Manfred.

Aus mehreren Gründen wurde das eheliche Verhältnis zwischen Alfred und seiner Frau Marie immer schwieriger und es kam immer häufiger zu Streitereien. Während Marie ein halbes Jahr lang in der Schweiz weilte, entwickelte sich langsam das Liebesverhältnis zwischen Alfred und dem Kindermädchen Hedwig Pfeiffer, und sie erwartete ein Kind von ihm.[96]
Allem Anschein nach war es keine spontane Liebe. Aus dem Brief, den Hedwig

---

96   Am 12. Juni 1911 kam Sohn Manfred zur Welt.

am 19. Februar 1911 schrieb, erfährt man, dass es sich wohl nicht um eine Liebe auf den ersten Blick gehandelt hat – oder doch? Hedwig schreibt über ihre Gefühle: *„Ich habe mich oft gefragt: warum haben wir uns nicht früher erkannt? Aber früher hätte ich Dir vielleicht gar nicht gefallen. Da war ich so fahrig und schwankend, weil mir die despotische Erziehung meiner Tante so lang nachging. Erst in Eurem Haus bin ich so geworden, wie ich jetzt bin. Und dann hör einmal auf mit Deinem Gejammer wegen Deinem Alter!! Wie oft soll ich Dir denn noch sagen, daß ich auch kein Jüngling von 17 Jahren mehr bin und daß ich nicht stehen bleibe. In 9 Jahren bin ich 40, da fängt die Frau an gebrechlich zu werden. ... Und Du wirst von jetzt an immer gesünder und jünger, das bitt ich mir aus. Du bist männlich fabelhaft jung und frisch. Mit Deinem Herzen mußt Du halt vorsichtig sein, das ist eine Sache für sich.“*[97]

Unzählig viele Briefe, die die große Verliebtheit Alfred Bassermanns widerspiegeln, datieren aus dem Jahr 1911. Doch seine Zuneigung zu Hedwig begann schon Jahre früher: *„... muß ich ... noch vor Jahresschluß ... Ihnen sagen, wie sehr Sie uns gerade an diesen frohen Feiertagen so empfindlich fehlen. Nicht nur Ihre schmiegsame Tastenmeisterschaft ist es, was wir vermissen, die jedes Musikstück, bei dem Sie mitwirkten, in die freie, scheinbar mühelose Höhe der Kunst hinaufhoben, es ist die freie Heiterkeit Ihres ganzen Wesens, die Sie so wohltätig mitteilten und Sie zu einem so lieben und segensreichen Bindeglied zwischen den Kindern und den Alten machten.“*[98]

Wie romantisch die wachsende Liebe sich entfaltete, spiegelt sich in dieser Geschichte der Ringe wider.

Alfred Bassermann hatte Hedwig Pfeifer zwar schon in der Zeit, als sie Kindermädchen im Haus Bassermann gewesen war, kennengelernt. Amors Pfeil ließ jedoch längere Zeit auf sich warten, denn der entscheidende Funke sprang nicht sofort über. Das Schicksal meinte es aber gut mit den beiden. Man trat in den Jahren 1905 bis 1909 in einen Briefverkehr, und es bahnte sie unmerklich die große Liebe an.

Schließlich gestand Alfred Bassermann ihr seine Liebe bei einem Stelldichein. Es muss wohl ein klarer Sternenhimmel gewesen sein, auf dem das Sternbild der Cassiopeia strahlte.

Dieses Sternbild sollte für die beiden eine ganz besondere Bedeutung bekommen. So ließ Alfred Bassermann einen ganz besonderen Ring als Zeichen ihrer Liebe mit einer tiefgründigen Bedeutung anfertigen. In

---

97   Auszug aus dem Brief vom 19. Februar 1911 an Alfred
98   Auszug aus dem Brief vom 28. Dezember 1906

*Das Sternenbild
der Kassiopeia.*

Wirklichkeit waren es zwei Ringe, von denen jeder der beiden eine Hälfte tragen konnte.

Auf dem blauen Untergrund der Ringe ist das Sternbild der Cassiopeia zu sehen. Es ist als auffälliges Sternbild des Nordhimmels in Mitteleuropa das ganze Jahr über sichtbar. Seine fünf Hauptsterne bilden ein markantes ‚W'.

Dieses Sternbild wurde aber nicht zufällig von Alfred Bassermann gewählt, sondern mit sehr vielen emotionalen Gedanken.

Auf dem Sternenhimmel, unter dem sich Alfred und Hedwig näherkamen und ihre unbeschreiblich tiefe Liebe begann, leuchtete hell das Sternenbild der Cassiopeia, das ihr gemeinsames Leben begleiten sollte. Das Sternbild der Cassiopeia wird zudem als Sternbild der Liebenden bezeichnet. Aber nicht nur diese Bedeutung war für die Wahl des Bilds ausschlaggebend. Alfred Bassermann ließ nämlich den Ring zweigeteilt für seine Frau und sich
so gestalten, dass auf beiden Ringhälften das
halbe Sternzeichen zu sehen ist und, wenn sie
zusammengefügt sind, das W des gesamten
Sternbilds zu erkennen ist.

Bis hier ist die Geschichte über die Ringe
schon sehr anrührend, aber sie geht noch weiter. Die Ringe
erhielten zudem als Gravur jeweils einen halben Vers aus dem Gedicht
‚Sehnsucht'.[99]

*Goldringe mit dunkelblauer
Emaille als Himmel sowie
fünf Goldsternchen welche
jeweils mit einem Diaman-
ten gefüllt sind.
Zusammen ergeben sie
das „Himmels-W" des
Sternenbilds.*

---

99   *„Nur wer die Sehnsucht kennt,
        Weiß was ich leide!
        Allein und abgetrennt
        Von aller Freude,*

Die Gravur seiner Ringhälfte enthält die Zeilen

,Allein und abgetrennt von aller Freude'

und die Gravur in der Ringhälfte seiner Frau Hedwig die folgenden Zeilen

,Seh' ich ans Firmament nach jener Seite'.

Alfred Bassermann und seine Frau Hedwig hatten sich versprochen, wenn sie getrennt waren, jeden Abend in den Sternenhimmel nach ,jener Seite' – eben zur Seite der Cassiopeia – zu sehen, um sich gute Nacht zu sagen.

Hedwig ihrerseits konnte sich auch in diese romantischen Gefühle hineinversetzen und schrieb ihrem Mann während ihres Aufenthalts an der Riviera: *„Jetzt steht wieder die scharfe Mondsichel am Himmel, ob Du sie auch siehst? Und gestern zwischen Nizza und Cannes sah ich immer zu den Sternen hinauf, da stand der Orion so leuchtend da und Dein Sirius. Ach war das immer so entzückend, wenn wir die Sterne betrachteten, und da fühlte man sich so zusammengehörig. Ja liebes, die Nacht der Mondfinsternis, die werde ich nie vergessen. Ach war das eine Märchennacht.“*[100]

Am 21. Januar 1911 schrieb er seiner geliebten Hedwig: *„Dein Ringchen leuchtet mir jede Nacht und ich betrachte es lange und denke an dich.“*

Wie in so vielen Situationen ist Alfred Bassermanns Seelenverwandtschaft mit Goethe und Dante zu spüren. Man kann nicht umhin zu erkennen, wie sich der Kreis hier wieder schließt. In unzähligen Lebenslagen wurde deutlich, dass er vielleicht als Lebensmotto das Zitat aus Dantes Göttlicher Komödie wählte:

„Drei Dinge aus dem Paradies sind geblieben
Die Sterne in der Nacht,
Die Blumen des Tages
Und die Augen der Kinder.“

Auch Alfred denkt über die Entstehung ihrer Liebe nach und schreibt: *„Was hier geschieht ist wohl noch nicht oft da gewesen, und doch kommt es mir als das Selbstverständlichste vor, was geschehen konnte. So selbstverständlich wie meine Liebe zu dir, die über alles Menschenurteilen erhaben von Gottesgnaden ist. Ich glaube, daß Marie das auch mit-*

Seh' ich ans Firmament
Nach jener Seite.“
Aus J. W. v. Goethe, Wilhelm Meisters Lehrjahre, 1795/6
100 Brief von Hedwig an Alfred Bassermann vom 31. Januar 1911

empfindet, mitgerissen wird von deiner und meiner Zuversicht und daß sie den ehrlichen Willen hegt, uns weiter zu helfen."[101]

Bis zur Klärung der ehelichen Verhältnisse zwischen Alfred Bassermann und seiner Frau Marie hielt sich Hedwig an der Côte d'Azur in Juan-les-Pins auf.

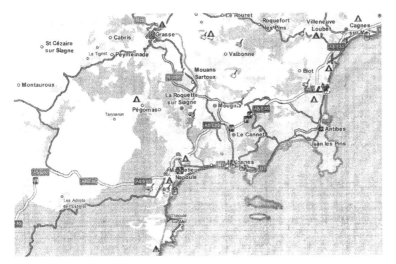

Karte von Juan–les-Pins, ein Seebad an der Côte d'Azur. Hier hielt sich die schwangere Hedwig auf. Die Situation war für die beiden nicht einfach. Sie überlegten, ob sie nun gegenüber den dortigen Vermietern und anderen Personen, „die Frau Bassermann" wäre oder ob er „der Herr Pfeiffer" sei!

Die Lektüre des Briefverkehrs zwischen Alfred Bassermann und seiner zukünftigen Frau Hedwig zeigt in ergreifender Weise, wie empfindsam und romantisch der Wissenschaftler Alfred Bassermann im Privatleben war. Der Leser der Briefe hat oft sogar das Gefühl, sich fast voyeuristisch in intime Liebeserklärungen einzuschleichen.

Hedwig Pfeiffer war 24 Jahre jünger als Alfred Bassermann, gerade mal zwei Jahre älter als sein ältestes Kind. Sie hätte vom Alter her also durchaus sein Kind sein können. Vielleicht deshalb beginnen seine Briefe häufig mit einer Anrede wie ,*Liebes Kind*', ,*Mein Kleines*', ,*Lieber süßer Kerl*' oder gar ,*Mein kleiner Aff*'[102]. Aus heutiger emanzipierter Sicht kann man sich nicht ganz der Vermutung verschließen, dass Alfred Bassermann seine Frau Hedwig trotz seiner großen Liebe zu ihr gelegentlich herablassend behandelt hat.

Gleichwohl war Alfred Bassermanns Liebe zu ihr unbeschreiblich tief und seine Liebeserklärungen waren anrührend, wenn er beispielsweise auf einen Brief von ihr antwortet: „[Dein Brief], *der zwar lieb ist, aber auch eine gewisse Dämpfung atmet, etwas Gezwungenes, Müdes. Sag, fehlt Dir was?*

---

101 Auszug aus dem Brief vom 4. April 1911 an Hedwig

102 Alfred Bassermann wurde meist Alf gerufen und so kam es zu dem Wortspiel Alf – Aff.

*Hast du einen Kummer,
habe ich Dich unbewußt mit irgend
etwas verstimmt? Plagt Dich irgendein
Jemand? Gelt, wenn Du irgend etwas auf
dem Herzen hast, sei es, was es sei, so
lasse es mich wissen, daß ich Dir helfe."*[103]
In vielen weiteren Stellen im Brief wird
die innige Verbundenheit deutlich. In
Kriegszeiten war ihm diese Liebe eine
stete Hoffnung. Am 18. Januar 1917

Wenn Hedwig und Alfred durch seine Reisen, ihre Kuraufenthalte oder durch den Ersten Weltkrieg getrennt waren, haben sie sich JEDEN Tag einen Brief geschrieben!

schilderte er ihr seine Ängste (,Nachtgespenster') und wünschte sich Glück für den nächsten Tag: *„Der Glückwunsch ist recht egoistisch, er redet eigentlich nur von mir. Aber Du bist in diesem Egoismus mit beschlossen, Du bist eins mit mir, ich brauche Dein Glück zu dem meinigen, und eins geht ins andere. Mit anderen Worten, Du bist ein süßer Kerl, den ich zum fressen lieb habe, um Dich ganz in mich aufzunehmen."* Die Liebeserklärung im Brief vom 3. Mai 1917 ist zum Schmunzeln: *„Meine Liebe ist in die Tiefe und in die Breite gegangen wie ein gesunder Baum."*[104]

Jahre später war die junge Liebe völlig entflammt und es ist rührend, wenn man schon fast miterleben kann, wie die junge Liebe aufkeimt. Alfred Bassermann ist sich der Verführungskünste von Hedwig bewusst: *„Du süßer Fratz, bist eben immer arg coquett gewesen und weißt, was Dir gut steht. ... Mein Glaube an Dich senkt seine Wurzeln*

---

103 Auszug aus dem Brief vom 11. November 1917 an Hedwig
104 Auszug aus dem Brief vom 3. Mai 1917 an Hedwig

immer tiefer und fester in meine Seele und immer beglückender wächst mir das befreiende Gefühl Deiner Wahrhaftigkeit und Deiner Liebe. – Gelt, ich bin doch ein recht sentimentaler Kerl ...“ [105]

Alfred Bassermann vergötterte Hedwig geradezu. Heute könnte man seine Briefe als Vorlage für Liebesbriefe in einem Podcast verwenden. Als Hedwig auf der Reise an die Riviera war, schickte er ihr einen Koffer nach und legte die nachfolgenden Zeilen bei: *„Ich hätte jedes Stück noch liebkosen, mit einem Zaubersegen für Dich versehen mögen, um Dir einen Schatten der Liebe zu übermitteln, die ich für Dich hege. Kind, wie jung hast du mich noch einmal gemacht, daß ich wieder anfange, so zu schwärmen. Und nun soll man seine Jugend nicht einmal genießen. Manchmal komme ich mir pretto abgeschmackt vor in meiner Situation. Und doch möchte ich mit keinem tauschen. Leb wohl mein süßer Jungbrunnen. Wann ich mich an dir wieder laben darf.“*

Wie es sich für Jungverliebte gehört, neckten sich die beiden gegenseitig: *„Unverschämt ist aber, mir zu raten, den neuen Rock anzuziehen, der ‚mache mir eine so schöne Figur‘. Liebes Kind, ich **habe** eine schöne Figur und brauche dazu überhaupt keinen Rock anzuziehen.“* [106]

Diese Koketterie mit Anspielungen auf sein Alter und sein Äußeres ist immer wieder Thema in seinen Briefen: *„Ach liebes Kind, warum bist du so lange hinter mir hergekommen und warum sind wir denn noch so lange fremd nebeneinander her gelaufen? Jetzt ist es zu spät für mich, und wie lange kannst Du mich noch wirklich lieb haben, dann bin ich eben ein alter Mummelgreis mit kauenden Kiefern und Du eine vollerblühte junge Frau, die vom Lager in der Mondnacht immer lauscht nach dem Waldhorn des jungen Jägers. Aber soweit lassen wir es nicht kommen. Aber das Heute ist noch mein, heute sehne ich mich nach Deinen Küssen und will sie trinken bis auf's Letzte. Hätte ich Dich nur bei mir, dass Du mir die dunklen Gedanken weg plauderst.“* [107]

Hoffnung und Trost wegen des Altersunterschieds schwingen nachfolgend mit: *„‚Alt wird man nur, wenn man keine Freude mehr am Schaffen findet.‘ Also werden wir zwei noch lange nicht alt. Im Gegenteil, ich glaube, je länger es geht, desto mehr Freude haben wir am Schaffen.“* [108] Hedwig wusste um seine Ängste und beruhigte ihn, obwohl Alfred Bas-

---

[105] Auszug aus dem Brief vom 1. April 1911 an Hedwig

[106] Auszug aus dem Brief von Alfred Bassermann an Hedwig vom 11. Februar 1911

[107] Auszug aus dem Brief vom 17. Februar 1911 an Hedwig

[108] Auszug aus dem Brief vom 10. März 1911 an Hedwig

sermann zu diesem Zeitpunkt bereits 55 Jahre alt war: *„Du bist noch lange keine 40 Jahre, und Du wirst immer jünger, gelt Lieber?"*[109]

In seinen Liebeserklärungen dringt immer wieder der Geisteswissenschaftler durch: *„Du wirst mehr und mehr zum Urbild der Liebe. Wenn ich wechseln könnte, möchte ich Dich als Venus Genetrix anschauen, weißt Du, in den Ufficien steht sie mit etwas reifen, mütterlichen Formen, in ungeheuer heiterem Liebreiz. Du, so könnte ich noch eine halbe Stunde fortfahren ... [Du bist] die Prinzessin, um die sich Sonne, Mond und Sterne zu drehen haben."*[110] Gefolgt von überraschenden Liebkosungen, wie beispielsweise *„Du liebes Rinocerössle"*[111] (18. August 1911) oder *„Wenn ich nur Dein Mäulchen wieder spüren könnte ... Goldiges vorne und hinten".*[112] Hedwig ihrerseits findet ähnlich anrührende Worte in ihren Liebeserklärungen. So schreibt sie beispielsweise im Zusammenhang mit der schwierigen Situation vor Alfred Bassermanns Scheidung: *„Ach Liebster, es geht nichts über die Wahrheit. Ist das ein herrliches Gefühl, daß wir Beide uns so fest in die Augen sehen können! Was hab ich Dich so lieb, Du bist ein prächtiger Mensch. Sag doch nicht, Du wärst sentimental, Du dummer Aff, Du bist halt einfach bodenlos lieb."*[113]

Zu dieser Zeit war Alfred Bassermann noch mit Marie verheiratet. Besorgt um das Wohl seiner Kinder, fiel es ihm sehr schwer, die Scheidung einzureichen. Die bevorstehende Trennung von seiner ersten Frau belastete ihn sehr, und er wünschte sich, dass vielleicht doch am Ende ein freundschaftliches Verhältnis zwischen ihm und Marie sowie zwischen Marie und Hedwig entstehen könnte. Da Hedwig schwanger war, galt es sie vor unschönen und aufregenden Auseinandersetzungen zu bewahren. *„... ich sage mir immer wieder, es müsse ein vorteilhaftes Gefühl für Dich sein, wenn gerade zwischen Marie und Dir ... ein Friede zustande käme, der Dein ganzes Verhältnis zu mir über die Alltäglichkeit heraushöbe."*

Es gibt immer wieder Hinweise darauf, dass es nicht nur Alfred Bassermann wichtig war, die Trennung ohne Streit und seelische Verletzungen zu überstehen und ein neues Leben an Hedwigs Seite führen zu können. Auch Marie scheint ein harmonisches Verhältnis mit beiden wirklich ein Anliegen zu sein, denn sie bat Alfred *„allen Ernstes"*, Hedwig in der Klinik besuchen zu dürfen. Sie mache sich Sorgen um Hedwig, weil sie in der Klinik so alleine sei. *„Ihre alte Empfindung für dich, auch*

---

109 Auszug aus dem Brief von Hedwig vom 2. April 1911

110 Auszug aus dem Brief vom 5. April 1911 an Hedwig

111 Auszug aus dem Brief vom 18. August 1911 an Hedwig

112 Auszug aus dem Brief vom 5. September 1911 an Hedwig

113 Auszug aus dem Brief vom 4. April 1911 an Alfred Bassermann

der Groll, den sie inzwischen oft gegen dich empfunden habe, sei einer mütterlichen Zuneigung und Teilnahme für dich gewichen und die allein möchte sie in die Tat umsetzen. Sie fürchte nur, dass dich die Begegnung zu sehr erregen und Dir Schaden bringen könne, obwohl sie ihrer selbst ganz sicher sei keine leidenschaftlichen Szenen machen werde. – Du kannst Dir denken, wie seltsam und fremd der Vorschlag zunächst auf mich gewirkt hat. Aber nach reiflicher Prüfung glaube ich, daß kein Hintergedanke dabei ist, und daß es wirklich nur die ausgesprochenen Beweggründe sind, die sie zu dem Schritt bestimmen."[114]

Eine Aussprache zwischen Marie und Hedwig sollte Klarheit bringen. Auf Maries Vorschlag, sich in einem Hotel zu treffen, reagiert Hedwig sehr positiv: „*...ich finde die Idee wundervoll von Deiner Frau. ... Es ist gräßlich, wenn man immer an sich halten muß und jedes Wort auf die Waagschale legen muß. Ich weiß auch, daß mir Deine Frau sehr viel wert sein kann mit ihrem guten Rat, denn sie ist ja in Kinder- und Krankenbehandlung so außerordentlich erfahren.*"[115]

Alfreds Sorge um Hedwigs Gesundheit nahm solche Ausmaße an, dass er sie am liebsten von allen Aufregungen fernhalten wollte. Hedwig konnte ihn beruhigen: „*Wegen des Besuchs von Deiner Frau ... kannst Du sicher sein, daß er mir nur gut tut. Es ist wirklich ein ganz außerordentlich schönes Gefühl, was Deine Frau zu diesem Schritt bewegt, das muß man wirklich anerkennen.*" Ihr ist nicht bange vor dem Besuch, „*weil ich fühle, daß wirkliche Anhänglichkeit sie zu diesem Schritt treibt. – Ich meine auch, durch eine Scheidung würde die Situation zwischen Deiner Frau und Dir viel klarer, denn dadurch, daß ihr dann nicht mehr an einander gebunden seid, würde Euer Verkehr ganz freiwillig und dadurch ehrlicher werden.*"

Die Briefe zeigen einmal mehr, wie sensibel Alfred Bassermann war und wie wichtig es ihm war, Zwang und Feindseligkeiten zu vermeiden.

Im Brief vom 10. Juli 1916 spricht Alfred Bassermann kriegsbedingte Schwierigkeiten im Briefwechsel an und sorgt sich um Hedwigs „*verstruwweltes Nervenkostüm*" „*Daß Du so lange ohne Brief bist, die Unruhe kann ich Dir sehr gut nachfühlen. Offenbar ist die Briefsperre, die jedenfalls mit der gegenwärtigen gespannten schicksals- und tatenschwangeren Zeit zusammenhängt. Geschrieben habe ich Dir unendlich viel, eigentlich unerlaubt viel, und ich hoffe nur, daß die Briefprüfungsstelle darüber nicht mißtrauisch geworden ist und meine Korrespondenz ausnahmsweise zurückgehalten hat.*"

---

114 Auszug aus dem Brief vom 10. März 1911
115 Auszug aus dem Brief vom 4. April 1911 an Alfred Bassermann

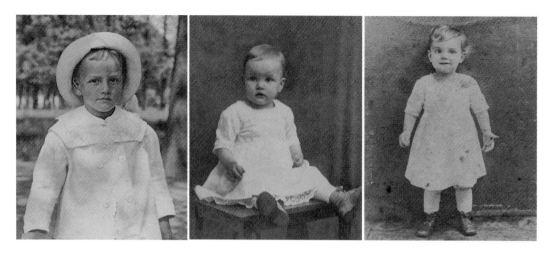

Die Kinder Manfred, Freya und Cady.

Zwischen Manfred und Freya wurde noch Rudolf geboren. Er lebte aber nur einen Tag.

Alfred Bassermanns
Erlebnisse im Ersten Weltkrieg

Alfred Bassermanns Kriegstagebuch
(17. August 1914 – 7. Juni 1918)

Alfred liebte das Reiten, was man ihm auch auf diesem Foto ansieht; er meldete sich noch mit 58 Jahren für den Ersten Weltkrieg.

Beim Ausbruch des Ersten Weltkriegs stand für Alfred Bassermann fest, dass er sich freiwillig melden würde. Es stand für ihn außer Frage für sein Vaterland zu kämpfen, obwohl er schon 58 Jahre alt war. Ihm war aber auch bewusst, wie sehr er unter der Trennung von seiner geliebten Frau und den Kindern leiden würde.

Über seinen Kriegseinsatz erfährt man viel Interessantes aus seinen Briefen und seinem Tagebuch von der Zeit 17. August 1914 bis 7. Juni 1918.

> *„20. August 1914* **Straßburg – Schlettstadt**
> *21. August 1914* **St. Pilt**[116]
> *22. August 1914 Mehrere Ortschaften in einiger Entfernung wurden in Brand gesetzt und der Brandgeruch drang aus den Tälern bis hinauf ins Gebirge"*

---

116 heute: Saint-Hyppolyte im Département Haut-Rhin

*Über **Rappoldsweiler**[117] nach **Altweiler**[118]*

„Die Bevölkerung ist anfangs ‚scheu und verdruckt‘ später aber ‚widerlich neugierig‘ und zunehmend aufsässig, ‚erregt und trotzig‘." Alfred Bassermann will sehr vorausschauend jeglichen Aufruhr verhindern und notiert: *„Ich lasse durch den Bürgermeister, den ich verantwortlich mache, jegliche Ansammlung auf der Straße verbieten und greife selbst, wo ich solche sehe, scharf ein. Ich stürze mit dem Pferd ohne Schaden auf glattem Kanaldeckel."*

Hausen[119]

„Die Situation von Verwundeten ist dramatisch: ‚… fünf schwerverwundete Bayern [lagen] im Schulhaus …, von denen einer schon gestorben war. … Die Verwundeten ohne ärztliche Hilfe, nur von der Hebamme und zwei unerfahrenen Schwestern gewartet.‘"

„24. August 1914   Das Gebiet um Colmar ist noch von Franzosen unbesetzt. Aber weil man den Feind im Münstertal doch erwartet, werden Geschütze auf den Hügeln aufgestellt und ‚Weinbergstöcke umgebrochen gegen den Feind gekehrt.‘

Das bevorstehende Ende des Krieges kommentierte er mit einem ausgeprägten Patriotismus: *‚Heute Abend munkelt man über Waffenstillstand an der Westfront. Ich glaube es aber nicht. Hielte es auch für kein Glück. Ehe die Engländer die Prügel haben, sind sie nicht reif zu ersprießlichen Verhandlungen.‘"[120]* Aber es sollte noch bis zum 2. Dezember 1918 dauern, bis Alfred Bassermann in Durlach aus der Armee entlassen wurde.

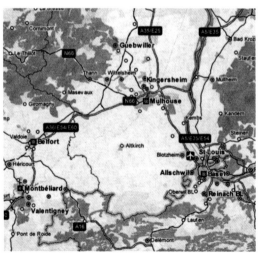

Schon am 30. August 1914 wurde Alfred Bassermann bei einem Schusswechsel bei Guebwiller verwundet. Er erlitt Rippenprellungen und eine Rippenfellzerrung, als sein Pferd während des Reitens unter ihm erschossen wurde. Er schickte zwei Telegramme: *„Auf Patrouille angeschossen, nicht gefährlich. Hedwig schonend mittheilen."* Und auf weitere Nachfrage erhielt die Familie folgende Anweisungen: *„Ellbogenschuß. Liegender Transport möglich. Bitte baldmöglichst mit Sani-*

---

117 heute: Ribeauvillé
118 heute: Altwiller
119 heute: Houssen
120 Auszug aus dem Brief vom 11. März 1918

tätsauto nach Karlsruhe transportieren." Allem Anschein nach gelang es der Familie, ein Gefährt aufzutreiben, das ihn ins Krankenhaus nach Karlsruhe und damit in die Nähe von seiner Schwester Pauline brachte. Ein Zerwürfnis zwischen Alfred Bassermann und seiner Schwester Pauline scheint zu diesem Zeitpunkt wieder in Ordnung gekommen zu sein, denn sie kümmert sich rührend um ihren verletzten Bruder: *„Alf ist noch recht geplagt durch seine Quetschung und kann sich gar nicht rühren. Da es an männlichem Personal im Krankenhaus fehlt, und die Schwester ihn nicht herumlegen kann, habe ich heute den ganzen Nachmittag in der Stadt einen Pfleger für die Nacht gesucht und war glücklich endlich, als ich schon die Hoffnung aufgegeben, einen anscheinend sehr tüchtigen zu finden.*"[121]

Einen Monat später war die Verwundung immer noch nicht verheilt, doch zur Freude aller erhielt Alfred Bassermann als Ordensauszeichnung das Eiserne Kreuz: *„Alf ist immer noch nicht hergestellt. Er hat das Eiserne Kreuz bekommen!*

Ich habe mich furchtbar darüber gefreut, denn er hat es verdient. Wenn das die Mutter erlebt hätte! Er hat nun auch die Freude, daß ihn Wilhelm[122] *mit seiner Frau besucht hat. So hat ihn der Krieg wieder mit all seinen Kindern versöhnt!*"[123]

1. April 1915   Nach seiner Verwundung ist Alfred Bassermann *„in Karlsruhe bei der Ersatzschwadron 20. Dragoner. Am 11. März das erste Mal wieder geritten"*

Bis zum Juni 1916 ist Alfred Bassermann in Schwetzingen stationiert.

„12. Juni 1916   In Häsingen[124] *ist ein Drahtzaun, der ‚bei der langen Kriegsdauer eine große Plage für die Bevölkerung ist. Feldarbeit außerhalb des Zauns darf nur unter strengster Aufsicht von Posten verrichtet werden, um alle durch Druckserei zu verhindern. Auf flüchtige Feldarbeiter wird geschossen. Es kommt auch vor, dass ein in seine Heimat beurlaubter Soldat, der innerhalb des Zaunes*

---

121 Brief von Pauline an Alfreds Familie vom 4. September 1914.

122 Wilhelm Bassermann 1884 – 1917, Sohn aus Alfred Bassermanns erster
      Ehe mit Marie Scipio (1859 – 1938)

123 Auszug aus dem Tagebuch von Pauline von Dusch, Eintrag vom 4. Oktober
      1914

124 heute: Hesingue

beheimatet ist, seine Frau die als Fabrikarbeiterin in St. Ludwig[125] wohnt, mit den Kindern nach zweijähriger Trennung nur am Zaun sehen und unter Aufsicht sprechen darf. Der Grenzzaun soll eine Konzession an die Schweiz sein, um den Schweizer Orten den gewohnten Arbeiterzulauf aus den deutschen Grenzorten nicht zu entziehen. Sonst hätte man den Zaun auf die tatsächliche Grenze gesetzt.'"

Gruppenbild mit Offizieren, Unteroffizieren, Leutnants, Rittmeistern, Feldwebeln und Gefreiten. 1915/16

„15. Juni 1916,   Nachmittags endgültige Ernennung zum Führer der Landwehr Artillerie Munitionskolonne 5 in Hüsingen.'"
       Die Eintragungen berichten natürlich auch von den täglichen Mühen und erledigten Aufgaben.

„20. Juni 1916   Nachdem es am Vortag so kalt war, dass man den Ofen anheizen musste, um die durchnässte Kleidung zu trocknen, war das Wetter etwas besser, aber immer wieder starke Regenfälle ... Brief- und Paketsegen. Korrespondenz. Kurzer Orientierungsritt. Die neue Bekleidungsvorschrift veranlaßt. Erste Erwägungen über Kappenschilde der Unteroffiziere und über Schwärzen der gelben Stiefel ... schwarze Gamaschen und einen Feld-

---

125 heute: St. Louis Bourgfelden

rock bestellt. Abends Löhnungsappell. Das Wetter hellt auf. Spätabends ein lebhafter Feuerbefehl auf die französischen Stellungen. Fernab Donner.'"

Rückblick auf seine Gefühle

Als er 1914 als Soldat in den Ersten Weltkrieg zog, hatte er folgende Gefühle: *„Ich dachte mit sonderbaren Gefühlen an die Tage im August 1914, als ich vom Norden kommend im schlanken Trab war, aus jedem Fenster Feuer zu bekommen. ‚In wie viel Not hat nicht der gnädige Gott über dir Flügel gebreitet,‘ singen wir als im Fest Gottesdienst. Mag man nun mit dem alten Neander, dem Dichter dieses Liedes, den Gott außer uns glauben, oder ihn wie wir eingeborene Schicksalskraft empfinden …"*[126]

Idyll

Anfänglich beschreibt Alfred Bassermann das Leben im Kriegseinsatz als *„Idyll"*. Er berichtet von gutem Frühstück mit frischen Eiern, Beefsteak zum Mittagessen und Weinproben bei Winzern, die ihre *„Weine am liebsten selbst trinken"*. Was in der Mannschaftsküche gekocht wurde, stand dazu in krassen Kontrast: Es bestand ein Vertrag mit einem Lieferdienst. Er sollte die Lebensmittel zum Tagespreis + 20 % Spesen liefern. Was aber auf die Teller kam war meist minderwertig. Alfred Bassermann musste gelegentlich dort eine Mahlzeit einnehmen und schreibt darüber. *„Linsen und Fleischkonserven. Nahrhaft, aber man kann nicht viel davon essen."* Die Liefergesellschaft kaufte am Ende des Markttags in Freiburg das *„übrige welke Gemüse, Kuhfleisch aus den Dörfern bei Idstein, statt Ochsenfleisch in der Stadt. Der Vertrag vom Proviantamt geschlossen, gab nicht einmal die Möglichkeit der Kündigung oder Auflösung im Falle schlechter Lieferung."*

Neben den Einsätzen und offiziellen Aufgaben blieb genug Zeit für verschlafene und verträumte Nachmittage und gemütliche Abendessen. Oft stand er auch allein draußen und betrachtete die Sterne, die von wunderbarer Leuchtkraft waren, und den Fall der Auguststernschnuppen. Nach dem Nachtessen genoss man häufig seltsam stimmungsvolle Abende, wenn der Stabsarzt zur Mandoline griff.

---

126 Auszug aus dem Brief vom 7. Februar 1918 an Hedwig

Humor

Man vergaß an solchen Abenden das Kriegsgeschehen und erzählte sich sogar Witze, was für Alfred Bassermann so bemerkenswert war, dass er einen
davon in seinem Kriegstagebuch am 16. Juni 1916 aufschrieb: *„Die Frau*
fühlt sich unerwartet am Sterben, der Mann muß ihr die Notbeichte hören,
bringt das Hünergatter herein und setzt sich dahinter. Die Frau beichtet zum
Schluß. daß ihr dritter Bub nicht von ihrem Mann sei. Da sagte er „Lebwohl,
Theres, wenn i jetzt nit hier an Gottes Statt säß, nähm i des Hühnergatter
und schlüg Dirs auf Deinen liederlichen Schädel."

Zwischenmenschliches Erlebnis 24. August 1914

Alfred Bassermann ist auf dem Weg zum linken Ausgang von Colmar und
hat ein herzzerreißendes Erlebnis. Eine *„Frau mit Milcheimer verlangt*
klagend Durchlaß nach dem nächsten Ort, um Milch zu holen. Die Kinder
stürben wie die Mucken. Als ich ihr Mut zuspreche zu ihrem Unternehmen,
sagt sie: „Sie haben auch kleine Kinder. Ich sehe es Ihrem Gesicht an."
Man lässt sich's gutgehen 11. Juni 1916

    Alfred Bassermann ist unterwegs nach Häsingen zum 1. Landsturm-
Infanteriebataillon „Lörrach", das zum Grenzschutz eingeteilt ist. Er berichtet von seiner Übernachtung in Lörrach: *„Im Hirsch gut ohne Stern. Abend-*
gang durch die Stadt mit Erinnerung an den früheren Aufenthalt auf der Su-
che nach einem neuen Leben. ... Angenehme Wanderung bei durchbratender
Sonne. ... gemeinsamer Abendspaziergang gegen St. Ludwig[127] bis an den
Drahtzaun. Und dann beim Wein und Gespräch über das ‚Woher der Männer'
bis gegen 12 im Kasino, dem alten Pfarrhaus, das vor dem Krieg gerade im
Umbau war und von dem Bataillon als Kasino ganz praktisch hergerichtet
wurde. Mein Quartier beim Bürgermeister eng aber sauber und ganz freund-
liche Leute, wenn auch die Elsässer Zurückhaltung spürbar."

Pferde

Unter den Pferden der Kompanie war eine ansteckende Krankheit aus-
gebrochen. So mussten die erkrankten Pferde nach Müllhausen in die
Abdeckerei gebracht werden, wo auch die Sektion erfolgen sollte. Bis dahin
wurde eine Absperrung der ansteckungsgefährdeten Pferde angeordnet.

---

127 heute: Saint Louis

*Die Heumeister mit
den Heuwagen, 1917.*

Es musste auch eine sehr schmerzhafte Strangurie behandelt werden:
Die Pferde litten dabei unter häufigem Harndrang und konnten nur tropfenweise Wasser lassen. Deshalb gab man den Pferden gewärmtes Bier mit
zerstoßenen Wachholderbeeren. Zur Vorbeugung gegen diese Krankheit
verdampfte man in den Ställen über Nacht Holzteer- und Terpentin und
deckte die Pferde gut ab.

*Begutachtung der Pferde.
Rechts Alfred Bassermann.*

Auch im Krieg
keine Vernachlässigung der Literatur

Alfred Bassermanns hält in seinem Tagebuch auch fest, mit welcher Literatur er sich beschäftigen kann. So erwähnt er Werke wie „Der Fremde" von Camus, „La maison du chat-qui-pelote" von Balzac.[128]

Fehlendes Vertrauen in die Post

Während des Ersten Weltkrieges gab es Schwierigkeiten mit dem Postverkehr, mit verspäteten Postzustellungen und sogar mit Diebstählen.

„Heute wurde von der Post angefragt, wegen einem Paket, das Herrn Dr. am 22. September 1917 abschickte, welches ich aber nicht erhielt, jetzt soll ich den Inhalt angeben, damit es ersetzt werden kann, vielleicht hat Herrn Dr. noch eine Ahnung was dort weg ging. Ich seh mir die Briefe von Herrn nochmal an, kann aber nichts finden, das Fett glaube ich alles erhalten zu haben, vom Brot wo Herrn Dr. schrieb, erhielten wir ein Paket, mit dem durchschnittenen Brod, verschimmelten, wie ich aber Herrn Dr's Brief verstand, soll jedenfalls noch ein Paket mit gutem Brod kommen, das erhielt ich allerdings nicht, ob's wohl das war?"[129]

„Heute gingen die 2 Bücher und die Italienischkarte in zwei Paketchen ab, hoffentlich erhält es Herr Dr. doch ganz, es ist zu schrecklich, daß man sich so wenig auf die Ehrlichkeit der Post verlassen kann, das mit der Weißweinkiste ist doch wirklich eine ganz raffinierte Frechheit, man sollte wirklich alles daran setzen, um den Halunken habhaft zu werden;"[130] Vorsichtshalber schickte sie nun nur alle paar Tage einen Karton Äpfel nach Schwetzingen, *„damit den Dieben nicht allzuviel Gelegenheit zum stehlen geboten ist."* [131]

Ob die Kiste Rotwein gut angekommen ist, erfahren wir nicht, aber wegen einer Schokoladensendung gibt es doch wieder Probleme: *„Wegen der Schokolade war ich auf der Post es wird wohl noch einige*

---

128   Dieses Werk hat er auf Französisch gelesen, denn es gibt noch heute keine deutsche Übersetzung.

129   Auszug aus dem Brief von Rosa Knecht an Alfred Bassermann vom 17. Oktober 1917

130   Auszug aus dem Brief von Rosa Knecht an Alfred Bassermann vom 12. November 1917

131   Auszug aus dem Brief von Rosa Knecht an Alfred Bassermann vom 18. November 1917

Zeit vergehen, bis es in die Reise kommt, wenn nur mal diese schreckliche Stehlerei aufhören würde."[132]

Uneingeschränktes Vertrauen in die Hausangestellten

Im Hause Bassermann gab es zwei „gute Seelen", die sich um den Haushalt und um die Kinder rührend kümmerten: Berta Treu und Rosa Knecht.

Vor allem von Rosa Knecht sind unzählige Briefe erhalten, in denen sie auch während des Winters[133] 1917/18 minutiös schildert, was sich im Alltag ereignete und wie sich die Kinder entwickelten.

Die beiden Kindermädchen: links Rosa Knecht mit Freya und Berta Treu mit Cady; die guten Seelen des Hauses. Wie auf dem Foto zu sehen ist, gab es „Rosabändel und Bertabändel".

---

132 Auszug aus dem Brief von Rosa Knecht an Alfred Bassermann vom 18. November 1917

133 Während des Winters 1916/17 litt die Bevölkerung unter einer großen Hungersnot. In Geschichtsbüchern spricht man von dem ‚Steckrüben-‘ oder ‚Kohlrübenwinter‘, in dem die Kartoffelerzeuger bestraft wurden, wenn sie Kunden mehr als den Tageskopfsatz an Kartoffeln von ½ Pfund verkauften. Aber auch im darauffolgenden Jahr war die Versorgung der Bevölkerung äußerst schlecht und man litt nicht nur unter der Kälte, sondern auch unter Hunger und Entbehrungen.

Auch während seines Einsatzes im Ersten Weltkrieg lag Alfred Bassermann das Wohl seiner Mitmenschen in der Heimat sehr am Herzen. Er nahm selbst an kleinen Ereignissen des Alltags Anteil, was sich in der Korrespondenz zwischen ihm und Rosa Knecht zeigt, die sich um die Kinder und den gesamten Haushalt kümmerte.

„Heute starb auch der Strolch[134], jedenfalls an Altersschwäche, trotz gutem Futter wurde er jeden Tag weniger, er hatte ein ganz sanftes Ende."[135]

Rosa Knecht als gute Seele des Hauses erhielt nicht nur den Dank ihrer Herrschaft, sondern wurde wegen ihrer Verdienste im Hause Bassermann mit einer Urkunde geehrt:

„Frau Bassermann hat heute telefoniert, daß Morgen das Klavier käme. Meine Dienstauszeichnung erhalte ich erst am 3. Dezember am Geburtstage der Großherzogin. Frl. Perpente war vor einigen Tagen auch auf einen Sprung hier, sie war auf dem Friedhof, sie lässt Herrn Dr. vielmals grüßen."[136]

„Am Sonntag war Dienstbotenauszeichnung. Es war eine ganz schöne Feier, ich erhielt als Ehrengaben Diplom und ein Bild ‚Das hl. Abendmahl.' Es ist ein schöner Kupferstich mit schönem schwarzen Rahmen, habe mich sehr darüber gefreut, nur tut es mir furchtbar leid, daß Frau Dr. nicht dabei sein konnte, da wir gerade im letzten Jahr viel darüber sprachen, und Frau Dr. sich auch darauf gefreut, hoffentlich kann sie doch bald wieder zu uns zurückkehren."[137]

Der Garten gehörte ebenfalls in den Aufgabenbereich von Rosa Knecht. Gemeinsam mit Herrn Fillinger stellte sie die Samenliste für die Frühjahrsaussaat zusammen. Die Auswirkungen des Kriegs sind auch im Kleinen mit einer unglaublichen Bürokratie spürbar. Sogar für die Sämereien

---

134 Strolch war der Hund der Familie.

135 Auszug aus dem Brief von Rosa Knecht an Alfred Bassermann vom
        17. Oktober 1917

136 Auszug aus dem Brief von Rosa Knecht an Alfred Bassermann vom
        12. November 1917

137 Auszug aus dem Brief von Rosa Knecht an Alfred Bassermann vom
        6. Dezember 1917

mussten beim Kommunalverband Saatkarten abgegeben werden. Anschließend wurde der Antrag vom Bezirksamt geprüft und genehmigt. „....
dann werden sie uns wieder zugestellt, dann können wir sie endlich beim
Wunderlich [Samenhandel] *einschicken, hoffentlich erhalten wir dann auch*
die Samen." Zudem verteuerten sich die Sämereien, denn „*dieses Jahr ist*
alles um das Fünffache teuerer, das teuerste ist der Blumenkohl 10gr. 7.M."
Selbst der Mist für den Garten war teurer geworden."

Der besorgte Vater

In den Briefen wird auch die Spanische Grippe erwähnt, die durchaus
Parallelen zur heutigen Corona-Pandemie aufweist. So hatte man 1918
in Mannheim überlegt, ob man die Theater und Kinos schließen sollte,
wovon man aber dann doch abgesehen hatte.

Auch die Kinder von Alfred Bassermann litten Hunger in den Kriegs-
jahren. Rosa Knecht bedankte sich während der Abwesenheit von Alfred
Bassermann in mehreren Briefen bei ihm für Pakete mit Lebensmitteln wie
Butter, Brot, Äpfel oder Socken, die auch seine Töchter erfreuten:

„*Sehr geehrter Herrn Dr.!*
Gestern abend kam das schöne Paket mit Butter an, wofür wir Herrn Dr.
vielmals danken, Freya und Kati[138] *waren ganz selig darüber, denn But-*
terbrod bekommen sie in letzter Zeit sehr wenig, Freya sagte, der Vater ist
aber so lieb, der schickt uns immer so gute Sachen."[139] „*... die Butter kam*
schön u frisch an, die Kathi hat gleich gerufen, als ich sie auspackte, But-
terbrot vom Vaterle, ebenfalls kam am 5. Februar ein Laib Brod an, wofür
wir Herrn Dr. vielmals danken."[140] Am 27. November 1917 wird dem Vater die Botschaft geschickt, dass seine jüngste Tochter Kathi jetzt einen
„Augenzahn" (Eckzahn) hat und sehr brav ist.

Rosa Knecht ihrerseits sandte Alfred Bassermann Pakete mit Rotwein,
Obst und Dingen des täglichen Lebens.

In einem Brief äußerte sie ihre Sorge um die Gesundheit von Alfreds
Ehefrau Hedwig Bassermann: „*... denn wir konnten uns gar nicht recht*
denken, was eigentlich los ist, u unsere schreckliche Angst konnten wir

---

138 Es gibt für die Namen unterschiedliche Schreibweisen wie zum Beispiel
      Kati, Kathi, Cathi.
139 Auszug aus dem Brief von Rosa Knecht an Alfred Bassermann vom
      17. Oktober 1917
140 Auszug aus dem Brief von Rosa Knecht an Alfred Bassermann vom
      12. November 1917

auch nicht loswerden, zu mal wir von Frau Dr. in den letzten 14 Tagen keine Nachricht hatten, heute erhielten wir jetzt auch von Frau Dr. einen Brief, worin Sie uns von ihrer neuen Methode schrieb, was muss doch Frau Dr. alles aushalten, es ist ganz schrecklich, u wie tapfer sie alles trägt, wir können Sie gar nicht genug bewundern, will's Gott so wendet sich doch jetzt bald alles zum besten."[141]

In der Vorweihnachtszeit 1917 wurde es auch in Schwetzingen kalt, und es fiel der erste Schnee: „*Seit einigen Tagen ist es hier sehr kalt geworden es hatte schon 10 Grad. Bei den lb Mädelchen geht es sehr gut. Das war ein Jubel, als sie den ersten Schnee sahen, sie wollten natürlich gleich wissen, ob es denn bei ihrem lb Vater u Mutterle auch so schöner Schnee hat, sie freuen sich schon sehr auf Weihnachten und auf Manfred*[142], *der wird wohl eine Freude sein. Will sehen, ob Kathi den Manfred noch kennt.*"[143]

Wie wichtig das Familienleben ist, wird aus der Bemerkung deutlich, wenn Rosa Knecht schreibt: „*... wie Frau Dr. schrieb, freut sich Manfred schon sehr nach Schwetzingen zu seinen lb Schwesterchen zu kommen. Es muss jetzt bei dem wüsten Wetter auch recht öde für ihn im Schwarzwald sein, die lb Mädelchen freuen sich auch sehr auf sein Kommen, sie sprechen eben den ganzen Tag von ihrem Manni, die Kathi wird so lustig, die schwetzt den ganzen Tag, wenn wir sie irghend etwas fragen, wo sie nicht sagen will, so sagt sie einfach weiss nicht, sehr oft sagt sie Freya, Vatterle kommt bald wieder.*" [144]

Rosa Knecht hatte auch unerfreuliche Nachrichten aus Schwetzingen zu überbringen: „*Soeben komme ich von Heidelberg, wo wir unsere beiden lb. Mädelchen wegen Diphterieerkrankung hinbringen mußten, Berta*[145] *durfte zum Glück bei Ihnen bleiben, es ist in der Luisenheilanstalt und Sie werden von Proff. Mohre oder wie er heist behandelt. Ich bat Herrn Proff. nach der Untersuchung um genaue Auskunft, welche ich Herrn Dr. schreiben könnte, er sagte mir soviel er jetzt gleich fest stellen könnte, wäre es bei der Freya ein ganz leichter Fall u bei Kathichen könnte er noch gar nicht's finden ich werde*

---

141 Auszug aus dem Brief von Rosa Knecht an Alfred Bassermann vom
     6. Dezember 1917

142 Manfred Bassermann (1911 – 1925) ist das erste Kind aus der Ehe mit Hed-
     wig Pfeiffer (1880 – 1927). Er befand sich zu diesem Zeitpunkt mit seiner
     Mutter zur Kur in St. Blasien.

143 Auszug aus dem Brief von Rosa Knecht an Alfred Bassermann vom
     6. Dezember 1917

144 Auszug aus dem Brief von Rosa Knecht an Alfred Bassermann vom
     18. November 1917

145 Berta ist das zweite Kindermädchen der Familie.

Morgen früh gleich wieder reinfahren u. nach Ihnen sehen, hoffentlich kann ich dann Herrn Dr genauere Auskunft geben … Schwester Margarete ist mit uns reingefahren. Heute früh sagte Freya, als sie Ihren Schoppen trinken wollte, Ihre Zunge tut Ihr wehe. Als wir reinsahen bemerkten wir daß Ihr Rachen etwas entzündet war, Berta Telefonierte sofort an Herrn Medzlrt. [Medizinalrat, Anmerkung des Herausgebers], als er kam, sagte er, es wäre Diphterie und das einzige beste wäre, wir gingen sofort nach Heidelberg, Herr Medz. machte gleich beiden eine Einspritzung, welche sehr gut sein soll. Es tut uns furchtbar leid, daß wir Herrn Dr. auch noch mit diesen Sorgen kommen müßten, woher die Kinder das bekommen haben, können wir uns überhaupt nicht erklären, in den lezten 3 Tagen sind sie bei dem kalten Wetter gar nicht hinaus gekommen und vorher ging Berta als nur mit Ihnen in den Garten u. mit Kinder sind sie gar nicht zusammen gekommen. Jetzt sitze ich da und zerbreche mir den Kopf und weiß nicht, was ich machen soll wegen Manfred, ich

Wie unschwer zu erkennen ist: Die beiden Mädelchen sind krank. Sie hatten Diphtherie.

möchte doch Frau Dr. nicht unnötig aufregen, und möchte doch auch nicht, daß Manfred hierher kommt und schließlich auch Krank wird, ich werde wohl Morgen abwarten und mit Herrn Proff. darüber sprechen, was er dazu meint, ist er auch der Ansicht, daß wir Manfred dort halten sollen, so werde ich an Frl. Olga schreiben, vielleicht kann Sie dann auf irgend eine Art Frau Dr. darüber verständigen, damit Sie sich doch nicht allzu sehr aufregt. Will's Gott so kann ich vielleicht Morgen Herrn Dr. etwas besser Nachricht geben, ich kann es noch gar nicht recht fassen, daß alles so plötzlich gekommen ist, gestern Abend haben sie vor dem Schlafen gehen noch so rum getollt und waren so vergnügt und lustig und heute sind sie schon in Heidelberg, es ist alles so ruhig um mich her, ich habe nur den einen Wunsch, wenn es doch schon Morgen wäre und ich wieder zu Ihnen könnte, ich kann mich jetzt so recht rein denken, wie es wohl Herrn Dr. zu Mute sein mag so bald er diese Nachricht erhält.“[146]

Aber dann kommt die gute Nachricht, dass es *„den lb. Mädelchen wieder ordentlich geht.“* Weiter schreibt Rosa Knecht: *„… ich war gestern wieder*

---

146 Auszug aus dem Brief von Rosa Knecht an Alfred Bassermann vom
     13. Dezember 1917

Rechte Seite:

Ein Wunschzettel der drei
Kinder an das Christkind
und den Nikolaus:
Manfred :
„Ich wünsche mir
zu Weihnachten:
1. ein Paar Schneeschuhe.
Die Länge muß 183cm sein.
2. Ein Dutzend Briefpapier
und ein Dutzend Couverten,
3. irgend ein schönes Buch.
Freya:
1. Ich wünsche mir die
Puppen-Küch
2. Ich wünsche mir den
Zwergeles-Bilderbogen
3. Schwarz, weiß, hellrot und
grün
Cady:
Ich wünsche mir:
1. ein Nähkörbchen
2. dunkel und hellgrün
3. Ein Kleid für Anna"
(Puppe).

bei Ihnen, da waren sie so lustig und vergnügt und wie es scheint, haben sie sich auch jetzt ganz gut eingelebt. Ich bin ja so froh darüber, als ich wieder fort ging, hat das lb. Kathinchen sehr geweint, denn es wollte mit mir Spazieren gehen, das Essen scheint sehr gut bei Ihnen zu sein, hauptsächlich bekommen sie sehr viel Milch und denken sie nur Herrn Dr. seit Montag legt ein Huhn, ich konnte gestern den Mädelchen 2 Eier mit bringen. Die haben gejubelt und sich damit gefreut."

Alfred Bassermanns kranke Frau Hedwig war lange Zeit mit dem Sohn Manfred zur Kur in St. Blasien. Er stand in regem Kontakt mit ihr und konnte schließlich über ihre fortschreitende Genesung berichten, was sich in Rosa Knechts Reaktion widerspiegelt, die mit den beiden Töchtern in Schwetzingen weilte[147]:

„Daß Herrn Dr. bessere Nachricht von Frau Dr. hat, hat uns sehr gefreut. Hoffentlich gibt es doch jetzt keinen Rückfall mehr mit dem dummen Rippenfell, das Gute ist es, daß Frau Dr. alles so geduldig trägt, es wird wohl sehr Einsam für Frau Dr. werden, wenn der Manfred nicht mehr bei ihr ist."[148]

Neben den Weihnachtsvorbereitungen trieben Rosa Knecht auch Nachrichten von der Front um: *„Wegen dem Weihnachtsbaum kann ich Herrn Dr. noch nichts näheres schreiben, den es voraussichtlich erst in der nächsten Woche giebt, es wäre ja sehr schade wenn Herrn Dr. nicht bei uns sein könnte, vielleicht bekommt doch Herrn Dr. wenigstens einige Tage Urlaub zur Frau Dr., es wäre ja sonst trostlos, wenn Frau Dr. die Tage ganz allein verbringen müßte, wie es scheint wird es jezt sehr lebhaft im Sundgau – aber schön ist es doch, daß der Russe jetzt um Waffenstillstand bittet, das wird dem Engländer wohl nicht sehr angenehm sein."[149]*

Rosa Knecht kümmerte sich auch um die Instandhaltung der vermieteten Wohnungen. *„In der Wohnung von Frau Noe ist in einem Zimmer die halbe Decke runter gebrochen, wir haben den [Handwerker] bestellt. ... er macht natürlich nur das aller nötigste, denke daß es Herrn Dr. so recht sein wird."*

„... Gestern ist das Zimmer desinfiziert[150] worden, das läßt die Stadt machen und bezahlt auch einen Raum. Da sich aber die Mädelchen gerade nicht in dem einen Zimmer aufhielten, so habe ich Herrn Dr. Schlafzimmer, Wohnzimmer und Küche der Vorsicht halber machen lassen, die

---

147 Manfred ist zu diesem Zeitpunkt 6 Jahre und 6 Monate alt, Freya 3 Jahre
       und 6 Monate und Kathi 1 Jahr und 8 Monate alt.

148 Auszug aus dem Brief von Rosa Knecht an Alfred Bassermann vom
       12. November 1917

149 Auszug aus dem Brief von Rosa Knecht an Alfred Bassermann vom
       6. Dezember 1917

150 Wegen der Diphtherie

Geschichte wird so etwas über 20 M kosten, es wurde alles sehr schön und gründlich gemacht, die Bilderbücher alle einzeln aufgestellt, die Kegel und Bauklötze alles auseinandergelegt, im Schlafzimmer alle Bette und Kleider, alle Schuplade Schränke aufgemacht, die Bette und alles drum und dran habe ich raus in den Hof, 2 Tag und Nächte, ich glaube jetzt wird wohl nichts mehr dran sein und jetzt bin ich am Großputz. Ich glaube, dann besteht keine Gefahr mehr für Manfred."[151] Aus diesen Zeilen geht deutlich hervor, wie sehr Rosa Knecht bestrebt ist, alles zu tun, damit die Familie an Weihnachten beisammen sein kann und jeder glücklich und zufrieden ist.

Gleichwohl konnte Alfred Bassermann am Weihnachtsfest 1917 nicht bei seiner Familie in Schwetzingen sein.[152]

Wenigstens Manfred konnte das Weihnachtsfest mit der Familie feiern: *„... die Mädelchen haben sich sehr mit Ihm gefreut, er war ganz selig, heute sagte er mir, wenn ich jetzt nach St. Blasien müßte, würde ich sehr Heimweh bekommen, seine Norddeutschesprache hat er schon etwas verlernt, eigentlich hatten wirs uns noch viel ärger vorgestellt, wir denken daß er's in einigen Wochen ganz verlernt hat, er spielt auch sehr schön mit den Mädelchen zusammen, er ist wirklich ein ganz gut erzogener junger Herr geworden!"*[153]

Das besonders herzliche Verhältnis zwischen Rosa Knecht und den Kindern wird in jedem Brief deutlich. Mit Hingabe und Fürsorge kümmerte sie sich um die Kleinen und teilte ihre Beobachtungen freudig Alfred Bassermann mit, der im Feld in der Ferne war. Auf eine Paketsendung von ihm folgte ihr Dankschreiben: *„...die Kinder haben gejubelt ob all den schönen Herrlichkeiten, von den Gutsel geben wir jeden nur eines nach den Mahlzeiten die lassen sie*

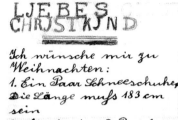

---

151 Auszug aus dem Brief von Rosa Knecht an Alfred Bassermann vom 13. Dezember 1917

152 Brief von Alfred Bassermann an Rosa Knecht vom 17. Dezember 1917

153 Auszug aus dem Brief von Rosa Knecht an Alfred Bassermann vom 17. Januar 1918

sich gut schmecken, eben spielen sie zusammen. Manfred und Freya bauen, Kathi spielt mit dem Puppenwagen, zwischenrein wirft sie wieder den Beiden Ihre Sachen zusammen. Immer sucht sie wo es etwas anzustellen giebt, sie wird von jedem Tag zum anderen drolliger, eben bekommt sie auch rote Bäckchen, die Milchschoppen tun Ihr sehr gut, ich hoffe sehr, daß uns die Frau Moos die Milch doch weiter giebt auch ohne Karten."[154]

Auch in Schwetzingen war der Erste Weltkrieg ganz nah: „Als am Donnerstagabend uns die Feindlichen Flieger ihren Besuch abstatteten, war Manfred ziemlich aufgeregt dabei u. meinte, da wäre es in St. Blasien doch ruhiger gewesen. Einer überflog auch unser Haus, wie man hörte, sollen sie ja weiters keinen Schaden angerichtet haben; am meisten freut sich Manfred auf die Abende, wo er mit uns Essen darf ... und dann abwechselnt auf der Berta und meinem Schoß sitzt und uns von St. Blasien erzählt, er ist aber auch wirklich so brav und verständig geworden. Er ging noch nicht ein einziges Mal auf die Straße."[155] Der rege Briefkontakt wurde immer wieder durch tagelange Postsperren unterbrochen. Zudem nahmen die feindlichen Überflüge und Angriffe zu: „Gestern früh um 3/4 1 Uhr machten uns die feindlichen Flieger wieder ihren Besuch, diesmal war es furchtbar, über Schwetzingen gingen ein ganzer Hagel von Abwehrgeschossen, als wirs im Keller, auf dem Dach so klappern hörten, wußten wir gar nicht gleich, ob das wohl Bomben oder Geschosse sind. Wir blieben dann auch, nachdem schon lange alles still war im Keller, endlich haben wir uns dann doch entschlossen, rauf zu gehen, weckten aber der Vorsicht halber die Kinder nicht ganz auf, denn wir sagten uns, das müssen furchtbar viele gewesen sein und die Verjagten kommen sicher noch mal, und so war es auch, Berta und ich hockten dann noch längere Zeit im Hof und da hörten wir wirklich Flieger kommen, schnell gingen wir wieder in den Keller und richtig gab es wieder eine tüchtige Schießerei, welche jedoch nicht lange anhielt, gestern Morgen fand dann Manfred und Berta 7 Schrapnellsplitter im Hof, Schaden hat es aber keinen angerichtet, wie man aber hört, soll es in Mannheim an verschiedenen Stellen bedeuteten Häuserschaden angerichtet haben Ebenfalls sollen die Flieger bei dem gestern Mittag Angriff auf Ludwigshafen ziemlich gebrannt haben ..."[156]

---

154 Auszug aus dem Brief von Rosa Knecht an Alfred Bassermann vom
     28. Januar 1918

155 Auszug aus dem Brief von Rosa Knecht an Alfred Bassermann vom
     28. Januar 1918

156 Auszug aus dem Brief von Rosa Knecht an Alfred Bassermann vom
     25. März 1918

Rosa Knecht informierte in ihren Briefen nicht nur über den Alltag mit den Kindern, sondern gab mit großem Einfühlungsvermögen Nachrichten über den Zustand seiner kranken Frau weiter:

„Heute erhielten wir von Frau Dr. Nachricht, daß sie zum ersten Mal auf-stehen darf, wir haben uns sehr darüber gefreut, hoffentlich macht doch Frau Dr. jetzt wieder gute Fortschritte. Bei den lieben Mädelchen geht es gut ... es ist hier schon etwas kalt geworden.“[157] Nach einem einwöchigen Besuch Alfred Bassermanns in Schwetzingen versicherte ihm Rosa, dass alle ihn vermissen: *„Die lb Mädelchen sprechen sehr viel von Herrn Dr. es waren die 8 Tage nur zu schnell herum, und Allen kam es auch nach Herrn Dr's Fortgang sehr einsam wieder vor, den Mädelchen geht's noch gut.“*[158]

Die Kriegszeiten mit ihren Entbehrungen gingen auch an der wohlha-benden Familie Bassermann nicht spurlos vorbei. Die Lebensmittel waren knapp, und die Familie war um jede Zusendung dankbar. In einem Brief vom Februar 1918 dankte Rosa Knecht Alfred Bassermann für Grundnah-rungsmittel wie Brot, Butter, Fett, Zucker, Speck, Reis, Haferflocken, Mehl, Erbsen und Fleischextrakt. Natürlich waren für die Kinder auch „Gutsel" beigelegt sowie Kragen, Socken und Bücher für die Erwachsenen.[159]

Der Krieg hatte auch Auswirkungen auf das Personal. Der Gärtner Au-gust wurde ins Feld eingezogen und fehlte fortan bei der Bestellung des Gartenlands. Auf Grund einer Eingabe der Haushälterin Rosa Knecht sollte er von der Front beurlaubt werden, was Besuch zur Folge hatte: *„... ein Schutzmann [war] da und hat nachgefragt, wieviel Gartenland an-gebaut wird, es ist wegen August seinem Urlaub, sein Bataillon hat beim Bürgermeister darüber nachgefragt ...“*[160]

1916 wurde Alfred Bassermanns Kompanie nach Saint-Louis im heutigen Departement Haut-Rhin verlegt. In einem Brief vom 15. Juni 1916 wird seine Naturverbundenheit, sein Familiensinn, sein positiver Charakter und seine Lebensphilosophie deutlich, wenn er seiner Frau Hedwig Mut zuspricht: *„Alles ist Bestimmung und so wollen wir das Le-ben tapfer hinleben, wie es kommt. Die Hauptsache ist, daß wir uns ha-ben."* Während eines Ritts wird er an seine Familie erinnert: *„Die Hecken-*

---

157 Auszug aus dem Brief von Rosa Knecht an Alfred Bassermann vom
    17. Oktober 1917

158 Auszug aus dem Brief von Rosa Knecht an Alfred Bassermann vom
    12. November 1917

159 Auszug aus dem Brief von Rosa Knecht an Alfred Bassermann vom
    10. Februar 1918

160 Auszug aus dem Brief von Rosa Knecht an Alfred Bassermann vom
    10. Februar 1918

rosen habe ich heute früh auf dem Ritt gefunden. Ein Riesenbusch war über und über voll, und diese Gesellschaft stand so lieb beisammen, ein großes und drei kleine, gerade wie Ihr. Ich muss immer an Manfreds Ausspruch denken ‚Da hab ich einen schönen Tag gehabt'. Wie viel warme Liebe, wie viel feinfühlige Dankbarkeit und ehrlicher Optimismus liegt da drin. Wenn der so weiter reift, kann es ein ganz edler Wein werden."[161] Es gibt kaum einen Brief, in dem er sich nicht nach der Gesundheit und der Entwicklung seiner Kinder erkundigt. „Stillst Du das kleine Kathychen noch? Und wie ist es mit ihrem Schoppen? Und wie erträgt Manfred die Kriegskost mit seinem schwachen Magen?"[162]

Selbst in dieser schweren Kriegszeit blieb Alfred Bassermann seinen Leidenschaften zur Reiterei und zur Literaturwissenschaft treu. In seinen Briefen tauschte er sich mit seiner Frau Hedwig über lesenswerte Literatur aus und bestärkte Hedwig in der Lektüre des „Casanova": „Gerade in Zeiten starker Seelenspannung verlangt unser Geist nach starker Ablenkung."[163] Selbst im Krieg ließ ihn das Thema Dante nicht los, was in mehreren Briefen zur Sprache kommt. Profaner ging es zur Sache, als er sich neue Teile für sein Sattelzeug wünschte. Damit auch wirklich das richtige Material geliefert wird, fertigte er sogar Skizzen davon an.

Immer wieder fertigte Alfred Skizzen und Zeichnungen in seinen Briefen an um seine Wünsche zu verdeutlichen. So beschreibt er mit Hilfe von Skizzen Pferdesattel und Pferdezaumzeug.

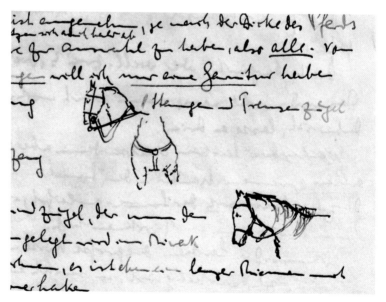

---

161 Auszug aus dem Brief vom 22. Juni 1916: Damit meint er seine über alles geliebte Frau Hedwig mit den drei Kindern Manfred (1911 – 1925), Freya (1914 – 2010) und Kathy (1916 – 2020).

162 Auszug aus dem Brief vom 18. Juli 1916 an Hedwig

163 Auszug aus dem Brief vom 18. Juni 1916 an Hedwig

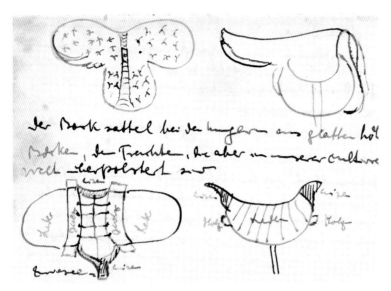

Er möchte den englischen, bequemen Sattel und nicht den Bocksattel; er möchte alle weißen Sattelgurten haben.
1. Kopfzeug,
2. Vorderzeug,
3. Anbindzügel,
den ledernen Trinkeimer für sein Pferd; auch die „Woylachs"-Pferdedecken, den Mantelsack sowie Regendecken. Hedwig soll ihm dies alles von Schwetzingen aus zuschicken.

Im Jahr 1917 erkrankte Hedwig Bassermann an Tuberkulose und ging zur Kur nach St. Blasien, wo sie sich wohl aufgehoben fühlte. Sohn Manfred in Begleitung von Gesellschaftsdame Erika kam ebenfalls nach St. Blasien zur Kur, denn er hüstelte, war untergewichtig und sollte in der guten Schwarzwaldluft kräftiger werden.

In täglichen Briefen an ihren Ehemann berichtete Hedwig über ihr gesundheitliches Befinden, sogar über die Werte ihrer Fieberkurve. Alfred antwortete mit Details seines Alltags, die für Außenstehende banal und nebensächlich erscheinen. Für die beiden waren die Briefe in der Zeit der Trennung eine Brücke und Verbindung zueinander.

Hedwigs Genesung machte auch nach Wochen nicht die gewünschten Fortschritte: *„da jetzt wieder Bazillen im Auswurf gefunden wurden, könne ich bis zum 1. November nicht geheilt sein. Er halte es darum für unbedingt notwendig, daß ich länger bliebe. Er wolle es mir gleich sagen, damit ich mich mit den Gedanken allmählich abfinden könne. Wie lange die Heilung brauche, das könne er jetzt nicht sagen."*[164] Der Heilungsprozess wurde durch eine schlimme Rippenfellentzündung weiter verzögert, was eine Verlängerung des Kuraufenthalts notwendig machte. Auch Manfreds Gesundheitszustand besserte sich nicht. Er litt weiterhin an Atembeschwerden und Kraftlosigkeit.

Noch während des Krieges starb 1917 sein 33-jähriger Sohn Wilhelm aus der Ehe mit Marie. Einen Brief seines ältesten Sohnes Gustav aus dieser Ehe kommentierte er folgendermaßen: *„Marie gehe es gar nicht gut,*

---

164 Auszug aus dem Brief vom 18. August 1917 an Alfred

sie könne sich über Wilhelms Tod gar nicht trösten. Ich schreib ihm meine
Auffassung von derartigen Dingen und bat ihn, womöglich in diesem Sinne
auf seine Mutter einzuwirken. Das kann mich so ungeduldig machen, wenn
jemand so wehleidig und hilflos seinem Schicksal erliegt."[165] Welche Härte
liegt in diesen Worten. Und das von einem Mann, der sehr wohl einfühlsam sein konnte.

---

165 Auszug aus dem Brief vom 25. Januar 1918 an Hedwig

Alfred Bassermann
spürt seine Kräfte schwinden

Alfred Bassermann pflegte auch mit Helene Sammler[166] einen intensiven Briefwechsel. Obwohl sie sich auch über wissenschaftliche Themen austauschten, kam es überdies zu ganz persönlichen Mitteilungen über Alfred Bassermanns Gefühle und Anschauungen. Kurz nach seinem 78. Geburtstag schrieb er folgenden Brief: *„Der Brief ist wieder einmal liegen geblieben. Die Welt plagt mich so, meine Widerstandkraft läßt nach, und wenn ich die Kraft zum Widerstand einsetzen muß, bleibt mir nichts für meine Tätigkeit. Das vergessen die Menschen immer wieder und erstaunen sich, wenn ich streike. Mein Geburtstag war dadurch beeinträchtigt, daß Cady … zu einer großen Tgg. [‚Tagung‘ Anmerkung des Herausgebers] mußte und erst am Montag zurückkam. Doch ließ sich das nicht ändern. Ihre Chefin hatte sie besonders gebeten mitzukommen und ihr alle Auslagen bezahlt. Sie hält große Stücke auf sie und will sie zu ihrer Nachfolgerin heranziehen. Solche Rücksichten gehen natürlich vor. Doch war Herr Dusch da, erfreute mich wieder durch seine Musik, und der Gesprächsstoff ging nicht aus. Mein Geburtstagstisch war durch Freya sehr lieb hergerichtet, die traditionelle Linzertorte, eine wunderbar duftende Hiazynthe, ein höchst erwünschtes Nachthemd, das Freya aus Heisler'scher Leinwand in ein paar Tagen geschneidert hatte, dazu ihre herrlichen warmen weichen Socken, denen man ansieht, mit wieviel Liebe und Sorgfalt sie gestrickt sind. Nehmen Sie meinen allerherzlichsten Dank für Ihre nie ermüdende, nie versagende Liebe.“*[167] In diesem Brief wird der wiederkehrenden Klage Ausdruck verliehen, dass die Jugend weniger für ihre Bildung tut als früher. Alfred Bassermann beschreibt, dass seine Töchter sich mit Turnstunden, Neugründungen von Ortsgruppen, Mitarbeit in Frauenschaften, Besuchen von Vorträgen und Film-Abenden beschäftigen. *„Dagegen muß das altmodische Treiben am Kaminfeuer eben zurückstehen. Gelegent-*

Die sportlichen Schlittschuhläuferinnen Freya und Cady.

---

166 Helene Sammler war lange Jahre eine Gouvernante im Hause Bassermann.

167 Auszug aus dem Brief von Alfred Bassermann an Helene Sammler vom 15. Februar 1934

*Die „langen Zöpfe"
im Garten in Königsfeld.*

lich lese ich mit Freya Gil Blas[168]. Aber man kommt nicht mehr vorwärts wie in früheren Zeiten. Doch das ist selbstverständlich. Die ganze Bildung ist im Begriff wieder anders zu werden, schafft sich ihr eigenes Rüstzeug und unser alter Kram kommt in die Raritätenkammer. Doch habe ich immer noch so viel Frische mich an dem Neuen, so weit es gut ist, zu freuen. Freilich muss man immer bedacht bleiben an feiner Läuterung zu arbeiten und Wühlmäuse und Schmarotzer mit scharfem Spaten und Messer auszutilgen. Verzeihen Sie den ungleichmäßigen zerrissenen Brief und erfreuen Sie mich bald wieder mit einem Ihrer lieben Briefe, deren ruhig fester Schriftzug so wohl thun wie ihr gelassen klarer Inhalt."

Helene Sammler gegenüber äußerte sich Alfred Bassermann immer wieder besorgt über seine schwindenden Kräfte: „Rechnen Sie nicht mit mir, wenn ich meiner Correspondenz nicht mehr nachkomme, wie ich sollte. Meine Kräfte lassen nach, die wirtschaftliche Noth lastet mit so vielen Sorgen auf mir, die Unmöglichkeit meine wissenschaftliche Arbeiten veröffentlichen zu können und dadurch meinen Gegnern gegenüber zum Schweigen verurtheilt zu sein, hemmt meine Schaffenskraft, und das Bewußtsein, daß meine Thematik scheinbar so veraltet und schwierig ist, daß keiner der schnell fertigen Jungen ihnen auch nur einen Blick, oder gar einen Gedanken schenken mag, und wenn auch das, was ich sehe, die engste und tiefste Beziehung zu der Gedankenwelt des neuen Rechts hat, das Bewußtsein macht apathisch und läßt achselzuckend zur Seite treten. All das macht schweigsam und menschenscheu. Am Sonntag war Sander Dusch und Cady von Karlsruhe hier, es war mir eine Qual, sie in dem durchaus unwirthlichen, kaum heizbaren Haus zu empfangen und ihnen auch geistig nicht die frühere Festlichkeit bieten zu können. Ueber Vieles vermag ich einfach nicht mehr zu reden. Will's auch jetzt lieber nicht thun. Ich gebe Ihnen nur das Stim-

168 Gil Blas ist die Hauptperson eines Romans von Alain-René Lesage.

mungsbild, um Ihnen gegenüber mein sonst unentschuldbares Schweigen verständlich zu machen."[169]

Er selbst ist bereit, sein Schicksal hinzunehmen: „... *Doch stört mich meine leidige Taubheit am linken Ohr. Da muß ich rechts hören, und wenn ich dann dazu Notizen machen soll, hat es der Teufel gesehen. Dann sitze ich da, verdreht wie ein Schlangenmensch.*"[170]

Schon am 15. September 1911 schrieb Alfred Bassermann in sein Tagebuch: „*Das ist das Schöne am Menschenlos, daß wir nicht wissen, wann wir abgerufen werden, und noch an der Schwelle des Nichts einen herrlichen Ausblick auf ein Verheißungsland von Hoffnung und Entwürfen genießen können.*"

In Alfred Bassermanns Tagebuch findet sich im Jahr 1927 ein Eintrag, der viel über seine innere Stärke aussagt: „*Dass ich das Alter eher als Last empfinde, könnte ich nicht sagen. Wie Seh-, Höhr- und Muskelkraft nachlassen, schränkt sich der Kreis unserer Tätigkeit + die Welt unserer Gegenwart mehr und mehr ein.*

Inflationsgeld von 1923.

Aber in dem man diesen Kreis noch ausfüllt, hat man auch noch seine Befriedigung und im übrigen lebt man mehr und mehr in der Erinnerung, die sich doch in immer reicheren Bildern vor uns breitet und immer klarer die großen Zusammenhänge von Gipfel zu Gipfel überblicken lässt, bis man eines Tages unversehens drüben ist, wo es keine Vergangenheit und keine Zukunft mehr gibt, sondern nur eine schrankenlose lichte Gegenwart, die alle Rätsel löst."

Am 3. Mai 1935 starb Alfred Bassermann im Alter von 79 Jahren in seinem Haus in Königsfeld. Infolge einer Grippe bekam er eine schwere Lungenentzündung, an der er nach kurzer Krankheit starb. Der Lebenskreis Alfred Bassermanns schloss sich nicht in einem Happy End. Sein üppiges Vermögen war zum Zeitpunkt seines Todes weitgehend aufgebraucht und auch durch die Inflation und Kriegsanleihen geschmolzen.

---

169 Auszug aus dem Brief von Alfred Bassermann an Helene Sammler vom
      22. Januar 1935
170 Auszug aus dem Brief vom 17. April 1918 an Hedwig

Sein wissenschaftlicher Ruhm war verblasst und seine Forschungsarbeiten wurden von der jüngeren Generation nicht mehr gewürdigt, ja
sogar bekämpft.

Zu seinen Töchtern hatte er zwar ein inniges Verhältnis, aber er vermisste seine große Liebe Hedwig bitterlich. Seine letzte Ruhestätte fand
er auf dem Schwetzinger Friedhof.

Grabstein von Hedwig und Alfred in Schwetzingen. Die erste Strophe des vertonten Wiegenliedes von Johannes Brahms wurde zum Gedenken an Rudolf gestaltet (er lebte nur einen Tag).

Alfred Bassermann –
Facetten seines Wesens
aus unterschiedlichen Sichtweisen

Alfred Bassermann hatte den Anspruch *„die heftigsten Menschen sind die besten"*. Und diesem Anspruch wollte er in allem genügen.

Alfred Bassermann – der Wissenschaftler

In einer Veröffentlichung der Deutschen Dante-Gesellschaft wird er als ein Einzelgänger beschrieben, der durch seine intensive Dante-Forschung in die Isolierung geriet. Ihm hatte es wohl an diplomatischem Geschick im Umgang mit Gelehrten und Schriftstellern gefehlt. Zudem wird hervorgehoben, dass er ein aufrichtiger Mann war, der sich ausschließlich der Wahrheit verpflichtet fühlte. Es wird hier ebenso betont, mit welch großer Schärfe er debattierte, ohne jedoch unsachlich oder überheblich zu wirken.

Alfred Bassermann – der Astrologe

Die Tatsache, dass Alfred Bassermann sich intensiv mit der Astrologie beschäftigt hat, kann auch bei der Beschreibung seiner Wesenszüge Einfluss finden. Er selbst hat in seinen Aufzeichnungen die Theorie überdacht, dass die Gestirnkonstellationen zur Zeit der Geburt eines Menschen, einen Einfluss auf die Entwicklung seines Charakters haben.

Bei ihm finden sich in unterschiedlichen Lebenslagen viele Charakterzüge, die dieser astrologischen Lehre des Wassermanns entsprechen. **Der Wassermann hat neue Ideen und man muss bei ihm immer mit Überraschungen rechnen.**

Obwohl er eine sichere Position als Beamter hatte und ihm sogar eine Professur angeboten wurde, entschied er sich für das Leben als Danteforscher.

Er braucht Bewunderer und Anerkennung.

Die Reputation[171] als Dantekenner beflügelte ihn zu weiteren Forschungsarbeiten.

---

171 Reputation: Ansehen, Achtung

Über Mythen versucht er, die Hintergründe des Daseins zu erfassen. Er identifiziert sich mit dem, was er tut und legt seine ganze Seele in sein Werk.

Seine Leidenschaft als Wissenschaftler entspricht voll und ganz diesem Ansatz.

Der spannungsgeladene Aspekt zwischen Mond und Saturn wird häufig als Indikator für depressive Stimmungen interpretiert.

In der Zeit der Trennung von seiner ersten Frau Marie wurde er von großer depressiver Stimmung geplagt.

Aber es finden sich bei Alfred Bassermann auch Eigenschaften, die der chinesischen Astrologie und seinem Sternbild des Drachen entsprechen.

Im Jahr des Drachen Geborene sind mit vielen positiven Charaktereigenschaften gesegnet.

Sie besitzen eine große Herzlichkeit und ein starkes Verantwortungsbewusstsein.

Er kümmerte sich auch aus der Ferne rührend um das Wohlergehen seiner Kinder und freute sich über Berichte alltäglicher Ereignisse.

Sie fühlen sich für das Allgemeinwohl zuständig und sind bereit, für das Allgemeinwohl zu kämpfen.

Bereits als Jugendlicher war er bereit, in den Deutsch-Französischen Krieg 1870/71 zu ziehen. Und selbst als 58-Jähriger meldete er sich zu Beginn des Ersten Weltkrieges zum Kampf für das Vaterland.

Alfred Bassermann – der vorausschauende Vater

Schwierige Wahl eines Hochzeitsgeschenks[172]

Anlässlich der Hochzeit einer nahen Verwandten schrieb Alfred Bassermann einen Brief an seine beiden Töchter, um ihre Zustimmung zur Wahl eines Hochzeitsgeschenks zu erfragen. Freya war zu diesem Zeitpunkt gerade erst 14 Jahre, Kati[173] 12 Jahre alt. Selbst im Zweifel, ob seine beiden Töchter die Überlegungen ihres Vaters nachvollziehen können, beginnt der Brief wie folgt:

> *„Ihr lieben Kinder! Jetzt paßt einmal auf und seid ganz große Töchter. Wegen eines Hochzeitsgeschenks für Anneliese.*

---

172 Auszug aus dem Brief an die Kinder vom 21. August 1928

173 Für den Namen findet man unterschiedliche Schreibweisen: Kati, Kathi und Cady.

Ich habe heute im Keller unter unseren Porcellan- und Glas-Sachen Musterung gehalten, habe mich aber für nichts recht entscheiden können. Von Krystall haben wir zwei Aufsätze und zwei Schalen, die sehr stattlich werden. Aber die könnt Ihr halt doch auch brauchen, wenn Ihr einmal heirathet …"

Damit die Mädchen auch wissen, um welche Gegenstände es sich handelt, fertigte Alfred Bassermann sogar Skizzen davon an.

Als Pragmatiker führte Alfred Bassermann weiter aus, dass noch 30 Champagnergläser da sind und das *„macht auf jede von Euch 15 Stück. Neu anschaffen thut man ja gewiß keine …"*

Alfred Bassermann dachte auch an ein Hochzeitsgeschenk aus seiner umfangreichen Bibliothek, um seinem Bildungsanspruch gerecht zu werden: *„Aus der Bibliothek hatten wir an Lessing droben in Eurem Zimmer gedacht. Die möchte ich aber auch eigentlich aufheben, daß jede von Euch einen Lessing hat."* Da der Lessing sich doch nicht als Geschenk anbot, entschied er sich für Kunstbücher, von denen er zwei in die engere Auswahl nahm: *„Das eine ältere über die neue Malerei ist sehr nothwendig und werthvoll, das behalten wir jeden Falls. Aber das andere, das ich später gekauft habe (es sind drei schöne, fast neue Bände.) umfaßt auch die alte Malerei mit vielen kleinen Bildern, ziemlich kurz gedrängt, weil so viel drin besprochen ist. Es ist ganz praktisch, zum Nachsehen, aber ich habe es nie viel benutzt und Euch habe ich, mein' ich, auch selten was drauß gezeigt. … Ich meine, das wäre ein ganz gutes Geschenk. Es sieht sehr stattlich aus und ist für eine kleine Bibliothek, wo nicht viel andere Kunstbücher sind, ganz geeignet. …"* Klingt da nicht ein kleiner spöttischer Seitenhieb gegen die Verwandtschaft an, die offensichtlich nicht so gebildet und kunstbeflissen ist? Als namhafter Wissenschaftler scheint er doch einen gewissen Standesdünkel gehabt zu haben.

Alfred Bassermann – der Familienvater

Die Tochter Freya beschrieb ihren Vater Alfred als einen Mann von stattlicher Figur, mit blonden Haaren und blauen Augen. Er hatte lebhafte Bewegungen, eine tiefe und warme Stimme und Sinn für Humor. Man wusste immer, woran man mit ihm war.

Allerdings gehörte er ihrer Meinung nach nicht zu den starken Menschen, ließ sich leicht beeinflussen und von Gefühlen hinreißen. Er war ohne Standhaftigkeit und Ausdauer, wollte nicht handeln, konnte aber schwärmen. Er war ein ausgezeichneter Reiter, und es war ihm daher sehr wichtig, immer zwei bis drei Pferde im Stall zu haben. Aber er liebte nicht nur den Pferdesport, sondern ebenso das Turnen und das Schwimmen.

Die Art, wie er seine Kinder erzog, war meist heiter und freundlich. So kann man aus den Berichten über ihn erfahren, dass er oft seine Kinder singend weckte. Aber er hatte auch feste Prinzipien bei der Kindererziehung. Er reagierte überaus streng, schon wenn eine geringfügige Unehrlichkeit aufkam. Seine Reaktionen waren fast kleinlich, wenn etwas aus Unachtsamkeit verdorben wurde.

Es ist auch interessant zu erfahren, wie unterschiedlich sich Alfred Bassermann Erwachsenen gegenüber verhielt. Wenn er mit fremden Menschen zusammentraf, war er sehr scheu und zurückhaltend. Ganz anders verhielt er sich bei Besuchen von Verwandten und Bekannten. Da konnte er seine Freude offen zeigen, war gesprächig und unterhaltsam.

Nachdem Alfred Bassermann sich so intensiv mit Dante auseinandergesetzt hatte, wurde ihm ein Lehrstuhl für die Forschung um Dante in Heidelberg angeboten. Das war eine große Wertschätzung seiner Leistungen auf dem Forschungsgebiet, aber um weiterhin frei arbeiten zu können, lehnte er dieses Angebot ab.

Was den Einfluss der politischen Entwicklungen betrifft und in welcher Form sie die Bassermann-Familie beeinflussten, wird an unterschiedlichen Stellen in den für diese Chronik zugrunde liegenden Quellen thematisiert. Es ist bezeichnend für eine Familie wie die Bassermanns, dass man sich nicht nur mit kulturellen Themen befasste, sondern auch die aktuellen politischen Entwicklungen beobachtete und diskutierte.

Auf die Beschreibungen von Alfred Bassermann zurückblickend, hat man anfangs das Gefühl, dass er ein herrischer Despot war. In seiner ersten Ehe verhielt er sich egoistisch und war in seinen eigentlichen cholerischen Wutausbrüchen kaum zu bremsen. Das mussten auch die Kinder schmerzlich erfahren. Die Tochter Johanna Baumann, geb. Bassermann, aus der ersten Ehe in ihren Erinnerungen: *„Wir hatten als Kinder eine unbezwingliche Angst vor ihm und er verstand nicht unser Vertrauen zu erwerben. Durch seine allzu große Strenge veranlasste er uns, ihm nicht rückhaltlos die Wahrheit zu sagen, denn wir wussten, dass uns Strafe erwartet."*

Später berichtet sie von einem Besuch bei ihrem Vater kurz vor seinem Tod in Königsfeld, wie sich ihre Tochter[174] *„ganz ohne Angst an den Großvater mit ihrem kindlichen Liebreiz heranmachte. Sie saß auf dem Schoß und amüsierte sich, dass er Schnurrbärte über den Augen hätte und freute sich über seinen Kitzelschnurrbart. Sie hatte völlig sein Herz gewonnen."* In seiner zweiten Ehe war er ein liebvoller und hingebungsvoller Ehemann, der eine räumliche Trennung von seiner über alles geliebten Ehefrau kaum ertragen konnte. Der Wandel vom unbeherrschten Choleriker zum

174 Alfred Bassermanns Enkelin

romantischen und liebevollen Ehemann, Vater und Großvater zeichnet ein versöhnliches Bild von Alfred Bassermann.

Man kann Alfred Bassermanns Leben, Denken und seine Handlungen nicht in seiner Gänze erfassen. Seine Stärken waren sicherlich seine unerschrockene, klare, ehrliche und aufrichtige Haltung und sein großes Verantwortungsgefühl vielen Menschen gegenüber. Als Schwächen könnte man seine Impulsivität und seine Unbeherrschtheit auslegen. Er war sicherlich zum Teil verständlicherweise überfordert: Die Forschungsarbeiten, die Anforderungen und Verpflichtungen seinen Familien gegenüber, verlangten ihm viel ab.

Diese Büste von Alfred Bassermann wurde von Otto Leiber in Königsfeld gestaltet. Unter anderem fertigte er auch Büsten von anderen Persönlichkeiten wie Albert Schweitzer, Robert Bosch, den Brüdern Alfred und Carl Mannesmann sowie von Alfred von Tirpitz.
Otto Leiber (1878 – 1958) war ein begabter Künstler. Er fertigte neben Skulpturen auch Radierungen, Zeichnungen, Aquarelle und Gemälde an.

Nachwort der Herausgeberin

In meinem Elternhaus bestand schon immer ein großes Interesse an unseren Vorfahren der umfangreichen Familie Bassermann. Meine Mutter, eine geborene Bassermann, trug eine Unzahl an Dokumenten über ihre Eltern, Großeltern und Ahnen zusammen und bewahrte diese sorgfältig auf.

So habe ich versucht, mein Interesse, meine Bewunderung, meine Faszination für Alfred Bassermann, seinen Familien und seinem Wirken zu diesem Buch zusammenzutragen.

Verschiedene Anlässe wie der 100-jährige Todestag von Clementine Bassermann 2010, die Ausstellungen „Die magische Welt der Figurentheater" (2012/2013) und 2014 „Clementine Bassermann und Max Bassermann" fanden in Schwetzingen statt.

Diese Veranstaltungen ließen in mir den Wunsch aufkommen, dieses Dokumentenmaterial zusammenzutragen und zu durchforsten, zu ordnen und eventuell zu einem Buch zusammenzustellen. Zum Teil ließ ich die Briefe transkribieren, denn sie waren in einer Mischung aus Altdeutscher-, Sütterlin- und Kurrentschrift geschrieben.

Mit der Zeit merkte ich, was für einen reichen Schatz an Briefen, Dokumenten, Notizen, Tagebüchern und Büchern uns Nachfahren der Großvater Alfred Bassermann hinterlassen hat. Die unzähligen noch erhaltenen schriftlichen Dokumente und die umfangreiche Korrespondenz zeigen, wie wichtig ihm eine enge Verbindung mit seiner Familie, den Freunden und Bediensteten war. Sie geben auch einen Einblick in seine intensive Arbeit der Danteübersetzungen und Danteforschungen.

In der heutigen digitalen Welt hätte Alfred Bassermann mit seinen Lieben per Face Time oder WhatsApp Kontakt gehalten, und die vorliegenden Dokumente würden der Nachwelt nicht zur Verfügung stehen.

Wie fängt man solch ein Vorhaben an? Zunächst versuchte ich mit Verwandten, Bekannten, Freunden, Historikern, Autoren und Verlegern herauszufinden, ob es sinnvoll wäre, über den Großvater zu schreiben.

Von *„Unbedingt, toll! Interessant!"*, *„Ja, des isch ja Material für en ganze Film!"* bis *„Wer soll denn des lesen?"* gingen die Meinungen auseinander; nicht so leicht für mich, eine Entscheidung zu treffen.

Wenn ich einen historischen Verein, ein Archiv, einen Autor oder ein Museum darum gebeten hätte, für mich die Lebensgeschichte über meinen Großvater zu schreiben, dann hätte ich die Unterlagen aus der Hand geben „müssen". Außerdem befürchtete ich, dass diese Geschichte dann nicht mehr „meine" gewesen wäre. Mit der Zeit kristallisierte sich für mich heraus, eine Lebensgeschichte oder Lebenserzählung über den Großvater zu schreiben.

Ein befreundetes Ehepaar, das schon mehrere Schriften und Chroniken verfasst hatte, konnte ich für diese Aufgabe des Schreibens gewinnen. Ich konnte auch den Verleger, welcher schon zuvor das Marionettenstück meines Großvaters „Die guten Kameraden" herausgebracht hatte, für mein Vorhaben gewinnen.

Die Briefe und der Inhalt der Tagebücher wurden bewusst in ihrer ursprünglichen Schreibweise wiedergegeben. Damit wollte ich die ausführlichen Schilderungen, Erzählungen, die feinsinnige Ironie, die witzigen Bemerkungen, die Sehnsüchte und die mitfühlenden und fürsorglichen Andeutungen, die auch zwischen den Zeilen zu spüren sind, schildern.

Durch die intensive Arbeit mit den Dokumenten und die vielen Recherchen erschließt sich für mich ein Bild von meinem Großvater, von seinem Leben, seinen zwei Ehefrauen, seinen neun Kindern aus den beiden Ehen, seinen wissenschaftlichen Arbeiten, seiner Dante-Forschung und seinen Dante-Übersetzungen.

Was hat mich dazu bewogen, diese enormen aufwändigen Recherchen in Angriff zu nehmen? Ich finde es wichtig, dieses so reiche Leben von Alfred Bassermann, diese Fülle seines Nachlasses zusammenzufassen und zu dokumentieren. Und wie man so schön sagt: Der Nachwelt zu erhalten.

Aber es gibt sehr viele Lücken, die ich mit den Recherchen zum Teil nicht füllen oder ergänzen konnte. Insbesondere die Zeit seiner ersten Ehe mit Marie Scipio und das Leben mit ihr, das Aufwachsen der fünf Kinder aus dieser Ehe in Schwetzingen und seine letzten Jahre als Witwer in Königsfeld.

Auf einer seiner Reisen nach Italien verlor er in Neapel ein für ihn wichtiges Notizbuch. Er war so verärgert darüber, dass er daraufhin seine Reise abbrach. Es existieren noch viele seiner zahlreichen Briefe, aber keine Antworten. Er bestimmte seinen Schwager Alexander von Dusch zu seinem Testamentsvollstrecker. Dieser sollte die Dokumente, Schrifte und Briefe nach seinem Tode verbrennen, die er schon in Kartons zusammengerichtet hatte. So lässt sich erklären, dass ich das Leben von Alfred Bassermann nicht lückenlos darstellen kann.

Seit 2007/2008 befasste ich mich mehr mit dem Fundus und lernte durch die verschiedenen Ausstellungen noch näher die Inhalte des Nachlasses kennen.

Durch die Recherchen der Tagebücher der Geschwister Pauline und Wilhelmine / Mina sowie den Nachforschungen in den Archiven von Schwetzingen, Mannheim, Freiburg, Heidelberg, Königsfeld, Berlin, München, Kiel und vielem anderem sammelte sich selbst bei mir ein kleines Archiv an: 23 Ordner, 13 Archivkartons und die Sammlung der Originale.

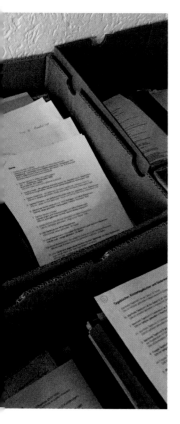

Aus den Inhalten der ca. 2.700 – 3.000 transkribierten Briefen, Texten, Dokumenten und Recherchen – z. B. aus den Erinnerungen meiner Tante Johanna – habe ich versucht ein Gesamtbild von Alfred Bassermann zusammenzutragen.

Ich wollte keine Biographie im klassischen Sinne und auch keine wissenschaftliche Arbeit schreiben. Seine Forschungen zu Dante, zu seinen Danteübersetzungen, zu seinem Buch „Dantes Spuren in Italien" sind nicht der Inhalt meines Buches.

Mit dieser Lebensgeschichte versuche ich einen Einblick in dieses interessante, schwierige und doch sehr schöne Leben von Alfred Bassermann zu geben. Alfred Bassermann[175] verkörperte eine eigentümliche und stets kämpferische Persönlichkeit mit universeller Bildung, eine Herrennatur mit hohem Intellekt, einen schönen hochgewachsenen und selbstbewussten Mann, der manchmal ein schroffes Wesen zeigte, aber in seinem Leben und Wirken immer von der Liebe zur Sache und zu den Menschen getrieben war. Alfred Bassermann lebte noch sieben Jahre nach dem Tod seiner geliebten Frau Hedwig zusammen mit seinen zwei Töchtern in Königsfeld.

Er ist neben seiner großen Liebe Hedwig im Ehrengrab seiner Mutter Clementine Bassermann in Schwetzingen beerdigt.

Bevor ich zum Ende komme, möchte ich meinen besonderen Dank für die Begleitung und Unterstützung bei der Erstellung des Buches den Autoren Monika und Dr. Uwe Rummel, Archivar Herrn Joachim Kresin aus Schwetzingen und den beiden Transkriptoren Herrn Klaus Edelmann und Herrn Albrecht Hartmann ausdrücken.

Vielleicht konnte ich Sie, verehrte Leser, mit meinen Beschreibungen und Erzählungen über Alfred Bassermann in diese interessanten und aufregenden Zeiten entführen.

In diesem Sinn zitiere ich zum Schluss nochmals meinen Großvater.

„Mein liebes Kind, auf Deiner Freunde Fragen
Ist ein Bescheid nicht allzuschwer zu sagen
Von Übersetzungen du darfst mich steinigen –
Geb ich den Rang doch keiner vor der Meinigen.
Sonst könnt ich mich – du darfst mir's nicht verdenken –
Doch gleich im eignen Tintenfass ertränken.
Und wegen abgelegter Exemplare?
Mein Buch ist keine alt geback'ne Ware.
Soll ich damit noch hinterm Leser laufen?
Ich schreib' mein Buch – die andern mögen's kaufen."

---

175 August Koob: Schwetzinger Geschichtsruhe, S. 55. Schwetzinger Verlagsdruckerei, 1977.